LITERARISCHES WIEN

LITERARISCHES
WIEN

LEKTÜRE EINER STADT

THIELE  VERLAG

Für Christian Brandstätter,
Grandseigneur der Bücher und Bilder,
Liebhaber der Künste und des Lebens,
zugeeignet von
Johannes Thiele

INHALT

WIENER TYPEN

WIENER
IMPRESSIONEN

DIE REISE NACH WIEN

Jedes Jahr im Frühling such ich meinen Fremdenführer heraus, und dann, beim ersten Sonnenstrahl, reise ich nach Wien. Ich gehe die alten Vorstadtstraßen hinunter, die wie Runzeln in einem lieben Gesicht sind, ich freue mich der anziehenden Unregelmäßigkeiten dieses Gesichtes nicht anders, wie sich der Maler mit einer charakteristischen Visage freut, genieße die abwechslungsreiche Pflasterung und das wechselnde Niveau, in dem die Straßen liegen, die unvermuteten Wendungen, die sie nehmen und die wie die raschen und anmutigen Kurven des Wiener Temperamentes immer neue Ausblicke eröffnen. Unverschämt wie ein Fremder dringe ich in die bekanntesten Höfe ein, in diese reizenden Wiener Höfe mit dem steinernen Brunnen im Vordergrund und dem kleinen Garten im Hintergrund, über dem jetzt schon ein hellgrüner Schleier liegt. Und frech wie ein Zugereister schaue ich vorübereilenden Mädchen und Frauen unter die Hüte, lasse mir auch in dieser Hinsicht keine Sehenswürdigkeit entgehen. Denn ich meine, daß das dazu gehört und sogar die Hauptsache ist beim Reisen – zumal in einer Stadt wie Wien, wo die Sehenswürdigkeiten nur so durch die Straßen huschen.

So reise ich weiter, und die Leute haben keine Ahnung, daß ich reise. Das ist lustig. Ich kann mir einbilden, ich sei in einer fremden Stadt. Und wie immer, wenn ich in einer fremden Stadt bin, trachte ich zunächst im Straßenbild herauszufinden, was diese Stadt von den anderen unterscheidet. Wenn man es nicht wüsste, man müsste doch gleich merken, daß man in Wien ist. Sogar in den Hauptstraßen, die doch eigentlich überall so ziemlich gleich aussehen. Es sind dieselben Häuser, dieselben Auslagen, dieselben Menschen und dasselbe Fuhrwerk in der Kärntnerstraße wie in der Friedrichstraße in Berlin oder auf einem Pariser Boulevard. Allenfalls gibt es in Berlin mehr Menschen, in Paris mehr Automobile. Aber dieser bloß graduelle Unterschied macht es nicht. An anderen essentiellen Zügen merkt man, daß man in Wien ist: Am Wind, am Schnalzen der Fiaker, am Rhythmus der Menge. Ja, am Rhythmus vor allem. Der Puls der Straße geht anders als in anderen Weltstädten; das Tempo ist ein anderes. In Berlin rennen die Leute hinter ihren Geschäften her; in Paris hinter dem Vergnügen. In Wien geht alles »pomali«, wie mein Fiaker sagt, der mich auch für einen Fremden hält. Man könnte sagen: Die Pariser Straße cancaniert, die Berliner Straße marschiert. Die Wiener Straße bewegt sich im Dreivierteltakt vorwärts, langsam und in Drehungen. Auch hier hat man ein Ziel, aber − es pressiert nicht. Denn der Weg ist auch sehr schön. Wiener vergessen niemals den Weg, welches immer das Ziel sein mag. Sie gehen langsamer und schauen sich öfter um als in anderen Städten. Und die Frauen lächeln, ohne damit etwas zu bezwecken. Das ist charakteristisch für die Wiener Straße: Dieses Lächeln um seiner selbst willen.

Und dieses Lächeln verführt. Man muss ihr auf den ersten Blick gut werden, dieser lächelnden Stadt. Sie ist ja längst schon eine richtige Großstadt ja, schlimmer noch, eine richtige Weltstadt geworden, es gibt hier Geld und Laster in seinen äußeren Verfeinerungen. Dennoch hat sie den Zauber der Kleinstadt noch nicht ganz verloren, wie ein Mensch, der Carriere gemacht hat und dabei ein lieber Kerl geblieben ist. Da sind gewisse Naivitäten im großstädtischen Straßenbild, die ganz reizend anmuten. So die Karfiol- und Rettichverkäuferinnen am Neuen Markt; in vier Wochen werden es Spargel sein. Oder der schwunghafte Palmkätzchenhandel auf den Kirchenstufen, oder die Blumenmädchen, die unser Engelhart[1] auf einem seiner saftigen Bilder verewigt hat. Gutmütig aufgequollene Landweiber mit ziegelroten Trinkergesichtern − das sind diese Blumenmädchen. Breitspurig stehen sie da, krampfhaft aufrecht wie sehr dicke Menschen, die sich schon schwer bücken können, und ihr Bauch geht in eine blühende Terrasse über, die sich unter der vielfarbigen Last der Blumen krümmt. Oder der Hundeverkäufer am Graben. Jedes Jahr sehe ich diesen Mann und diesen Hund mitten im internationalen und großstädtischen Gewühl. Es ist ein ganz junges Hundchen mit einem lichtblauen Mascherl um den noch kindisch dicken Hals und einem weißen, gelockten Fell. Eigentlich sieht er aus wie ein Schaf. Aber in seinem zarten Alter gereicht das einem Hund zur Ehre. Sein Herr weiß das und basiert darauf seine Spekulation. Indessen, während er auf eine zärtliche Wurzen[2] wartet, tut er, als stünde er zu seinem Vergnügen hier. Ein Hundeliebhaber, der im zärtlichen Geplauder mit seinem Liebling aus Zerstreutheit stehen geblieben ist – möchte man glauben. Er lächelt dem Hundelamm in den Armen zu, er drückt es liebevoll an die Brust – und lauert dabei auf die Wurzen. Das ist wienerisch. Ebenso wienerisch wie das lichtblaue Mascherl und der Karfiol. All das gibt es sicher auch in Berlin. Aber in Berlin würde der Mann nicht lächeln, der Karfiol heißt Blumenkohl, und der Hund hat kein Mascherl. Worauf es eben ankommt.

Überhaupt: Wien ist eine Mascherlstadt. In der Kunst, in der Politik, in der Toilette der Wienerin – überall lässt sich das Mascherl nachweisen. Unter allen Frauen ist die Wienerin die mascherlreichste. Aber lasst mich vom Stadtbild reden, nicht vom Weibsbild. Vom Stadtbild sind wir ja ausgegangen. Das ist es, was ich auf meiner Reise durch Wien zu allererst suche. Zunächst genieße ich es im allgemeinen, so im Hindurchschlendern und Vorüberbummeln, planlos ziellos, ohne jede Einteilung. Dann komme ich zu den gewissen Punkten, wo ich mich länger aufhalte. Glorreiche, alte Plätze, die ich seit jeher liebe, große, prunkvolle Ausblicke und bescheidene Winkel, so zum Beispiel die Gegend um die geflickte Minoritenkirche herum, wo man mitten im Vormärz, und jene andere um Maria Stiegen, wo man gar mitten im Mittelalter ist. Aus dem Fremdenführer habe ich erfahren, daß diese Stelle »Maria am Gestade« heißt. Und die Minoritenkirche nennt sich mit ihrem vollen Titel: Santa Maria im Schnee ... Also ich bitte Sie: Wo außer in Italien finden Sie noch solche Namen? ... Auch den äußeren Burgplatz liebe ich sehr, besonders gegen Abend, wenn der Tag schon in den Himmel flüchtet, wenn die Reiterbilder ihren Körper verlieren und nur die schwarzgezackte Silhouette vom Erzherzog Karl und seiner heldenhaften Fahne bleibt, und wenn sich das dämmerige Parlament hinter den Volksgartenbäumen traumhaft vom Goldgrund des Abendhimmels abhebt und oben die schwarzen beflügelten Quadrigen in prachtvollem Schwung in den leuchtenden Himmel springen ... Ich habe mehrere meiner Wiener Freunde gefragt, wer diese Quadrigen gemacht hat. Keiner konnt' es mir sagen. Erst aus meinem Fremdenführer erfuhr ich, daß sie von Pilz[3] sind. Es ist sehr gut, wenn man einen Fremdenführer hat. Jeder Wiener sollte einen haben.

Heut' bin ich durch die Wiener Gärten gereist, diesen Inseln im Meere der Großstadt. Allenthalben wächst und entfaltet sich jetzt dort der Frühling. So steigt das Grün aus der Erde in den Himmel hinauf und dieses Steigen ist der Frühling.

Das Hübsche an diesen Wiener Gärten ist, daß es ihrer unzählige gibt. Ein jeder kennt nur seinen eigenen und die paar öffentlichen. Aber es gibt noch tausende, von denen wir nichts wissen. Es gibt ganz alte, steingraue, gichtbrüchige Häuser in der Stadt und in den ehrwürdigen Dorfstädten, die ganz junge, hellgrüne Gärten einschließen, gleichwie man hier auch allenthalben alten Gesichtern begegnet, in denen ein junges Lachen wohnt. Wien wimmelt von solchen heimlichen Gärten. Ja, sogar auf der Straße richten sie welche ein, sogar in der Luft. Wien ist, außer Barcelona, hab' ich mir sagen lassen, die einzige Stadt, in der die Beleuchtungsmasten mit Blumenkörben geschmückt sind. Bei Nacht wird es mit Licht beleuchtet, bei Tag mit Blumen. Und auch diese bunten, runden Körbe sind Gärten, winzige in die Luft gehängte Gärten, die sich hundert-

fach wiederholen, wenn man die Ringstraße hinunter-
blickt. Diese Körbe sind die Mascherln der Straße.

Aber laßt mich von den eigentlichen Gärten reden. Ja, die eigentlichen! Wo fangen sie an, wo hören
sie auf? Auch in Paris gibts Gärten, auch in Berlin.
Aber da sind sie irgendwo. In Wien sind sie überall,
rechts, links, gegenüber. Man tritt etwa aus dem Rathauspark, schon ist man im Volksgarten; man geht
durch diesen Park und schon ist man im Burghof –
auch ein Garten. Gegenüber der Museumsgarten und
gleich nebenan der Kaiserpark. Dann kommt rechts
der Akademiepark, links das Gartenparkett der Oper.
Dann kommt lang nichts, drei Minuten lang. Hierauf eröffnet sich beim Schwarzenbergplatz eine ganze
Perspektive auf Gärten. Dann kommt der Stadtpark,
das heißt, eigentlich gibt es ja zwei, und wenn man
den einen verläßt, steht man im anderen. Sehen Sie,
das ist Wien. In Berlin glaub' ich, tut man sich allerhand darauf zugute, daß der Tiergarten mitten in der
Stadt liegt, zum Unterschied von unserem Prater. Bei
uns ist das freilich anders. Da liegt die Stadt in einem
Tiergarten, und den Prater haben wir außerdem. Übrigens, ich sage »bei uns«, als ob ich ein eingebildeter
Wiener und kein Zugereister wäre. Aber das ist charakteristisch für Wien. Man wird so leicht intim mit
dieser lächelnden Großstadt. Gleich ist man per Du

mit dem alten Steffl ... Der Madeleine Du zu sagen, sehen Sie, hätt' ich im Leben nicht die Courage. Und mit der Kaiser Wilhelm-Gedächtniskirche in Berlin möcht' ich mich, wenn es irgend geht, am liebsten überhaupt in kein Gespräch einlassen.

Wien hat Gärten für alle Jahreszeiten, fast für alle Monate. Der Stadtpark ist am schönsten im Mai, der Volksgarten im Juni, der Rathauspark an Juliabenden, der Prater im August. Für den Vorfrühling und den Spätherbst haben wir den Belvederepark. In die anderen Gärten geht man, um der Sonne auszuweichen, hierher, um sie aufzusuchen. Sie füllt den ganzen Park. Die Bäume sind auf ein Minimum reduziert, zu wohlfrisierten Alleen zurechtgestutzt. Es ist französisch verkünstelte Natur; nichts für Leute, die die wilden Sprünge lieben. Hier in diesen eckigen Alleen, zwischen Sphinxen und steinernen Frauen, tanzt die Natur ein Menuett. Aber sie tanzt reizend.

Und dann, die scheinbare Kahlheit dieses Parkes hat ihre Vorteile. Vor allem die Aussicht. Wenn man den Park hinuntergeht, so liegt einem Wien zu Füßen, und der Kahlenberg grüßt freundschaftlich herüber. Und wenn man, unten angelangt, zurückschaut, so steht oben am Himmelsrand dieses zierlich gegliederte Schloß und winkt mit seinen spangrünen Kuppeln und den goldenen Knäufen zum Abschied heiter zu, mit chevaleresker Gebärde. Auch hat das französische System den Vorteil, daß der Park von der Vegetation nahezu unabhängig ist. Darum ist er im Vorübergehen so reizend und noch im Spätherbst heiter. Dieser Park kennt keine Jahreszeiten und hat kein Alter. Ist Ihnen das noch nicht aufgefallen? Die anderen Gärten haben ihre Jünglings-, Mannes- und Greisenzeit. Der Belvederegarten bleibt immer gleich jung. Er trägt eine Allongeperücke[4], so sieht man nicht, daß er grau geworden ist. Wahrhaftig, er hat noch immer dasselbe lächelnde Gesicht wie auf den Bildern des Canaletto im Museum.

Im Museum[5] war ich nämlich auch, wie alljährlich; habe, wie alljährlich, mit einem leichten Schauder diesen Dom der hohen Kunst betreten, bin langsam die fürstliche Treppe hinaufgestiegen, staunend über all diese Pracht, habe den Theseus gegrüßt und bin andächtig durch diese mit Bildern tapezierten, prunkvollen Salons der Schönheit gewandert. Und wieder einmal habe ich meine alten Lieblinge aufgesucht, die zärtlichen Rafaels, die prächtigen Tizians, die Paris Bordones mit der leicht erröteten Haut, habe im Vorübergehen den Blondinen des Palmavecchio mein Kompliment gemacht, für die ich eine mit den Jahren zunehmende Schwäche besitze, und die beiden jungen Prinzen von der Pfalz besucht, von denen ich besonders den jüngeren mit dem sanften Gesicht und den träumerischen Augen liebe ...

Das Wienerische, auf das ich pirsche, finde ich auch hier: es besteht darin, daß man hier so wenig Wienern begegnet, zumindest aus der Gesellschaft. Sehr viel karierte Engländer laufen da herum, gestreifte Deutsche und geputzte Südländer; sogar Neger sieht man, aber keine Bekannten. Die Einheimischen, die hier vorkommen, sind fast ausschließlich Soldaten, Landleute, Studenten und kleine Mädchen; mit einem Wort: »Volk.« Das spricht gewiß sehr fürs Volk, aber es spricht gegen die Gesellschaft. Ich habe mir sagen lassen, daß die Leute in der Gesellschaft so viel Besuche machen müssen, daß ihnen für die schönen alten Bilder keine Zeit bleibt. Anstatt ihre Augen und ihr Herz zu stärken, erkundigen sie sich fortwährend nach ihrem wechselseitigen Befinden und versichern einander, daß »man lebt«. In der Gesellschaft halten sie das nämlich für etwas Wesentliches ...

Mehr Wiener, auch aus der Gesellschaft, sieht man im Burgtheater, besonders die älteren Jahrgänge. Es ist mir aufgefallen, daß man in der Burg, ebenso auch in der Oper, mehr alte Leute trifft, als in irgendeinem anderen mir bekannten Theater. Und was für feine, alte Exzellenzen entdeckt man da auf dem purpurnen Hintergrund der Logen, uralte Weiblein mit schwarzen Häubchen und Hörrohren, und ganz alte tiefgebückte Herren mit dieser rosigen Haut und den schneeweißen Bärten, die eine letzte Koketterie des hohen Alters sind. Nicht immer können sie gehen, aber noch immer gehen sie in die Burg. Mich rühren diese Überbleibsel aus einer anderen Zeit und machen mich zugleich nachdenklich. Wie groß muß die Bedeutung des Burgtheaters in den Sechziger- und Siebzigerjahren gewesen sein, wenn sie diese alte Garde heute noch in ihr Theater zwingt. Denn das ist klar: diese Exzellenzen kommen nicht dem Heute, sondern dem Gestern zuliebe. Sie huldigen einer großen Vergangenheit, sie halten eine Tradition aufrecht, demonstrativ mit zittrigen Händen. Aber die Hände werden immer schwächer, immer zittriger, immer weniger ... Ich fürchte für die Tradition.

Für uns andere, jüngere, die wir keine Exzellenzen sind, wird dieses Theater immer mehr zu einer Art kunsthistorischen Museums. Darum verabsäume ich auch niemals, es auf meiner Frühjahrsreise zu besuchen, nicht des Stückes wegen, beileibe nicht. Überhaupt, wer geht noch der Stücke wegen ins Burgtheater? Anfänger, Frischlinge, Leute, die zum erstenmal in Wien sind. Was mich betrifft, so lockt mich viel mehr der Rahmen als das Bild. Was für ein Rahmen, meine Herrschaften! Er gefällt mir von Jahr zu Jahr besser im Maße als er älter wird. Schon liegt ein leichter Goldton über den vormals noch allzu grellen, allzu frischen Farben. Ich finde diesen Goldton, den man der venezianischen Malerei nachrühmt, übrigens in vielen Wiener Gebäuden, in der Oper, im Museum, in der Burg. Vielleicht macht es auch hier die Luft. Im Burgtheater macht er sich erst in den letzten Jahren bemerkbar. Und auch über der Darstellung liegt dieser Goldton wie über der Architektur. Dieses Ensemble, das ja trotz alledem noch immer ohnegleichen in Deutschland ist, hat sich jetzt doch glücklich im neuen Hause eingespielt. Das Haus hat ein bißchen nachgegeben, und die Schauspieler haben nachgegeben, und jetzt gehts, es ist ein Wohlklang, zumindest wenn man im Parterre sitzt. Sie haben einen eigenen Ton in diesem Theater, den Goldton, möchte ich sagen ... Sie können spielen, was sie wollen; sie verklären und entschuldigen alles. Diesmal war es ein Lustspiel – ach ja! Ich glaube, in einer andern Weltstadt wäre dieses Lustspiel gerade gut genug für eine schlechte Vorstadtbühne. Aber der Wiener denkt in diesem Punkte offenbar anders, oder vielmehr nicht der Wiener – der Berliner ... Im übrigen, auch das Stück geniert mich nicht. Solange sie spielen, schau ich mir den Innenraum an, und wenn der Akt aus ist, gehe ich ins Foyer. Für mich ist das Stück nur ein Umweg ins Foyer, das wirklich eine der größten Sehenswürdigkeiten Wiens ist. O, wie ich sie liebe, diese Ahnengalerie der Wiener

Schauspielkunst, diese Nischen, in denen die Erinnerung an eine glorreiche Vergangenheit wohnt! Bei wie vielen Stücken waren sie schon meine Zuflucht! Und immer bin ich erheitert und beruhigt, mit gereinigten Leidenschaften, in den Zuschauerraum zurückgekehrt. Das Foyer erfreut sich übrigens, wie ich bemerkt habe, ganz allgemein der größten Beliebtheit, was man im gleichen Maße vom Zuschauerraum nicht behaupten kann. Das Foyer ist nämlich immer voll, bei den allerschlechtesten Stücken. Ich glaube, daß sich da wieder einmal der gesunde Sinn des Wieners offenbart. Er nimmt einfach den Foyerstandpunkt ein.

Das Beispiel ist nachahmenswert. Denn diese prunkvolle Galerie bleibt doch unter allen Umständen schön. Hier ist das Leben eine schöne Frau und geht schäkernd zwischen zwei Konditoreien unter kostbaren Bildern hin, über ein spiegelndes Parkett. Und dann tritt sie seitwärts in eine der Nischen und schwelgt zwischen den zwei Hälften eines Indianerkrapfens[6] in historischen Reminiszenzen. Diese schöne Frau ist eine Wienerin: sie verkörpert den gesunden Liebreiz dieser schönen Rasse. Ich beobachte sie. Mit dem Indianerkrapfen ist sie bald fertig, aber an der Wolter[7] kann sie sich nicht sättigen. Der Akt beginnt, ihre Bekannten kehren in den Saal zurück, und noch immer steht sie vor dem Bild versunken, in das adelige Profil der großen Tragödin. Aber plötzlich taucht ein junger Mann im Smoking am andern Ende der Galerie auf, geht mit finsterem Blick an allen Bildern vorüber und direkt auf die Wolter los. Und das Leben lächelt. ... Man klagt jetzt ganz allgemein, daß sie im Burgtheater keine richtigen Lustspiele aufführen. O doch! Aber mehr im Foyer.

Im dritten Akt tret' ich die Heimreise an. Ich gehe über den schlafenden Ring, an schlafenden Gärten, Denkmälern und Palästen vorüber bis zur Kärntner-straße, wo die Straße noch wach ist und im Lichte der Bogenlampen, die wie Riesenperlen in der Luft leuch-ten, verführerisch knistert und moussiert. Von dort habe ich nicht mehr weit nach Hause, denn ich woh-ne »privat«. Auch ein Vorteil dieser Reise. Überhaupt habe ich selten eine gemacht, die bei geringerer Un-bequemlichkeit größeren Genuß geboten hätte. Und ich begreife vollkommen, daß die Wiener so ungern reisen. Sie haben ihr Ziel zu Hause. Nur eine Reise sollten sie öfters machen, die hübscheste, bequemste und lehrreichste, die sie machen können: die Reise nach Wien. Das ist ein völlig ungefährliches Aben-teuer und kann doch zu reizenden Überraschungen führen – wie ein Flirt mit der eigenen Frau.

—— RAOUL AUERNHEIMER [1907]

BLICK VON ST. STEPHAN

Die Sonne ist noch nicht aufgegangen. Dort gegen Norden hinaus, wo die leichten weißen Nebel ruhen und ziehen, ist die Donau, und die dunkeln Streifen, die sich im Nebel zu wälzen und mit ihm zu ziehen scheinen, sind schöne Auen, durch die der edle Strom wallet. – Weiter hinaus, das luftige, im Morgengrau schimmernde Fahlrot, ist das Marchfeld, und jener blaue Hauch durch den Himmel, der sich eben mit der ersten Milch des Morgens lichtet, sind die Karpathen, und die Berge gegen Ungarn. Sie schweifen, wie ein aus Luft gewobenes Band um den ganzen Osten, der bereits überraschend schnell in ein immer feineres Licht aufblühet, und schwimmen dort wie in unermeßlicher Ferne in die Luft hinaus. Aber was ist jener Berg gleich rechts daran mit der zum Erschrecken nahen, weißglänzenden Zeichnung? Er steht eine Tagereise weit von hier gegen Südwesten, und ist der Schneeberg, das letzte jener Häupter, die mit manchem silberweißen Helm und Panzer bedeckt, in jenem Zuge stehen, der vom Lande Schweiz an durch das Tirol herausreicht, und dann zwischen unserm Lande und der Steiermark laufend, hier mit einem Mal ein Ende nimmt. Rechts von ihm siehst du die blaue Mauer weiter westwärts springen, bis sie dir jene dunklen Rücken decken, die uns breit und schwer den auch noch dunklen Westhimmel umlagern. Wie sie auch jetzt mit dem wilden Schwarz um den sich hellenden Himmel liegen, so wirst du doch sehen, wenn über ihnen die Sonne steht, wie sie anmutige Höhen sind, üppige Laubschöße, in denen die weißen Landhäuser herumgestreut sind, und die Dörfer, und die Schlösser, in deren Schatten die tausend verschlungenen Wege laufen, so daß diese Höhen wie ein riesenhafter heitergrüner Park um die große staubende Stadt herumlaufen, ihren West wie ein sanfter Bogen gürtend.

Mitten nun auf dieser dunklen Länderscheibe, die du eben mit deinem Auge aus dem Himmel herausgeschnitten, gerade unten zu deinen Füßen liegt die schwarze Stadt, unberührt von der Morgenröte, die bereits über ihr heraufflammt, unbeweglich ruhig, wie in Todesschlummer gestürzt, gespenstig starr heraufglotzend, als wäre sie tot, von keinem einzigen Laute erschüttert, als hier und da von dem grellen Schlag einer geblendeten Nachtigall, die den stillen Nacht- und Morgenhauch in ihren Gliedern fühlend, mitten im Steinmeere von grünen Zweigen träumt, und einen Lieb- und Angstruf tut – doch horch, das erste Lebenszeichen des schlafenden Ungeheuers gibt sich eben kund. Hörst du das ferne Rasseln durch eine

Gasse, als ob Kriegsgeschütze im Galopp führen? Es sind die ersten Fähren, die beginnen, dem ungeheuren Magen seine heutige Nahrung zuzuführen, Fleischerwägen sind es, die durch die Schläfer rasseln und donnern, und in ihre Träume reichen, ohne sie wecken zu können; denn sie haben es schon tausendmal gehört.

Jetzt ist es wieder stille – feurige Landzungen ragen durch den Himmel, und legen ein sanftes Purpurrot auf die grauen Steine um uns, die Rippen dieses Turmes, auf dem wir stehen. – Siehst du, ein graues Schimmern läuft schon hie und da durch Teile der Stadt, die dir immer größer wird, und ihre Glieder, gleichsam wie im Morgenschlummer dehnend, über Hügel und Täler hinausstreckt – und in dem Schimmer blitzen rote Funken auf, wie vortauchende Karfunkel, es sind Fenster, an denen sich die Morgenröte fängt. – Jetzt rasselt es wieder, und an mehreren Stellen; – jetzt fängt sich's auch hier und dort in andern verworrenen Tönen zu regen an, und dort und da erbrauset es sanft, wie Atemzüge eines Erwachenden – die Nebel sind von der Donau verschwunden, und sie wird sichtbar, wie ein stiller goldner Bach. Einzelne Rauchsäulen heben sich bereits aus der Stadt – das Brausen schwillt – hui! ein Blitz fliegt an unsern Turm: die Sonne ist herauf! Die unten aber haben sie noch nicht – jetzt – ganz draußen brennt plötzlich ein

Teil der Stadt an; wie es blitzt und von Zeile zu Zeile lodert! Jetzt brennt's auch dort, jetzt dort, jetzt in der ganzen Stadt, ihr Rauch vermehret sich und wallt, wie ein goldner trüber Brodem in die Morgenglut hinein. Ganze Gassen schimmern im Morgenglanze, ganze Fensterreihen belegen sich mit Gold – Turmkreuze und Kuppeln funkeln – von einzelnen Türmen fallen die sanften Klänge der Glocken zum Morgen-Ave.

In den Gassen regt sich's; schwarze Punkte werden sichtbar und bewegen sich, und schießen durcheinander, sie werden immer mehr, einzelne frische Schalle schlagen herauf, das Rollen, Rasseln und Prasseln wird immer dichter, das verworrene Tönen ergreift alle Stadtteile, als ob sich Gassen und Häuser durcheinander rührten, bis ein einziges dichtes, dumpfes, fortgehendes Brausen unausgesetzt durch die ganze Stadt geht. Sie ist erwacht. Indes schwingt sich die Sonne siegend und lächelnd, wie ein silbern reines Schild, immer höher über das wirre Babel empor.

Und nun, da der Tag alles ins Klare gebracht hat, lasse unsere Blicke durch dies schöne Schauspiel wandern, ehe der Wind sich hebt, und der Staub seinen schmutzigen Schleier über ganze Teile der Stadt und jenen schönen Schmelz der Fernsicht legt.

Der Teil gerade zu unsern Füßen ist die eigentliche Stadt. Wir sehen sie, wie eine Scheibe um unsern

Turm herumliegen, ein Gewimmel und Geschiebe von Dächern, Giebeln, Schornsteinen, Türmen, ein Durcheinanderliegen von Prismen, Würfeln, Pyramiden, Parallelopipeden, Kuppeln, als sei das alles in toller Kristallisation aneinander geschossen, und starre nun da so fort. – In der Tat, von dieser Höhe der Vogelperspektive angesehen, hat selbst für den Eingebornen seine Stadt etwas Fremdes und Abenteuerliches, so daß er sich für den Augenblick nicht zu finden weiß. Wie eine ungeheure Wabe von Bienen liegt sie unten, durchbrochen und gegittert allenthalben, und doch allenthalben zusammenhängend, nur die Gassen nach allen Richtungen sind wie hineingerissne Furchen, und die Plätze wie ein Zurückweichen des Gedränges, wo man wieder Luft gewinnt. Senkrecht im Abgrund unter uns liegt der Platz St. Stephans, die Menschen laufen auf dem lichtgrauen Pflaster wie dunkle Ameisen herum, und jene Kutsche gleitet wie eine schwarze Nußschale vorüber, von zwei netten Käferchen gezogen, und immer mehr und mehr werden der Ameisen und immer mehr der gleitenden Nußschalen. Dort, nur durch eine dünne Häuserschicht von uns getrennt, steht die schöne schwarze Kuppel St. Peters, von dieser Höhe erst sichtbar, wie weit sie die Häusermasse überragt – hinter ihr der freundliche Turm der Schottenabtei, links das schlanke Stift St.

Michaels, dann die Augustiner, die Kapuziner, und zwischen ihnen allen – (selber eine kleine Stadt) die ehrwürdigen Gebäude der kaiserlichen Hofburg.

Dann schwingt sich von Süd gegen Ost herum die Häusermasse des Kärntnerviertels, durchschnitten von dem sanften Bogen der Kärntnerstraße, der menschenwimmelnden – dort ragen die Franziskanertürme, weiter links die der Universität empor, und dort gegen Nordwest – du kleines bescheidenes Türmchen! St. Ruprecht, ältestes der Stadt – und wieder links davon die zart durchbrochne Spitze von Maria am Gestade – und noch andere und andere Türme, Giebel, Erker und Balkone.

Und jenseits des einstigen Festungsrings, jetzt ein Garten, in ungeheurem Kreise herumgeschlungen, breit hinausgelagert, liegt erst jene Masse, die dieser Hauptstadt eigentlich ihre Größe gibt, die Masse der Vorstädte, mit größtenteils sehr schönen Fronten stellen sie sich im Kreise gegen das Glacis auf, gleichsam in ihrem Hereinschieben gegen die Stadt hier an einer unsichtbaren Grenze anhaltend und sich anstauend; denn weiter dürfen sie gegen den luftigen, gesundheitbringenden Garten des Rings nicht vordringen: aber dafür machen sie sich draußen breit, und fressen immer weiter und weiter den Raum hinweg; denn siehst du, obwohl sie dort gegen Südwest über einen Hügel steigen, dann sanft ins Tal sinken, dort breit auseinanderfließen, bis ans Gestade des Donauarmes, ja denselben überschreiten, das jenseitige Inselgestade dicht überfüllend, dann wieder steigen und wieder sinken ans Ufer des Flusses Wien, und dann schnell jenen ersten Hügel anklimmen – obwohl sie an manchen Stellen fast unübersehlich breit hinausgehen, bis sie sich allmählich mit mehr und mehr Gärten mischen, die weißen Punkte der Häuser einzelner auseinanderstreuend, und endlich an das grüne Gefilde stoßen, das wohl die Grenze der Stadt, nicht aber der Häuser ist; denn weit und breit in dasselbe herumgestreut liegen die Landhäuser, winzige weiße Punkte, herüberleuchtend wie ferne Segel in einem duftigen, grünblau dämmernden Meere.

—— ADALBERT STIFTER

DIE WIENER

Wer ist der Wiener? Sicher läßt sich alles über ihn sagen – und zugleich auch das Gegenteil von allem. Ich gehe nur auf die gängigsten Widersprüche ein: Der Wiener ist kultiviert und höflich; er ist barbarisch und unverschämt. Der Wiener ist menschenfreundlich und hilfsbereit; er ist tückisch und sadistisch. Der Wiener ist heiter und gemütlich; er ist ein Nörgler und Raunzer. Sicher sind alle diese Behauptungen wahr und deshalb – notwendigerweise – auch wieder falsch.

Wer ist also der Wiener? Fragen wir einmal nach seiner ethnischen Herkunft! (Denn keine Großstadt erhält sich aus sich selbst, jede oder fast jede hat Zuwanderung nötig, um ihren biologischen Bestand zu erhalten oder gar zu vergrößern.)

Von der römischen und frühmittelalterlichen Bevölkerung können kaum noch Reste vorhanden sein. Günstiger ist die Chance fränkisch-bayrischer Kolonisation unter den Babenbergern zu beurteilen. Mit den Habsburgern kam ein lebhafter Zustrom aus ihrer Schweizer und alemannischen Heimat. Parallel läuft die Infiltration aus den Alpenländern. Seit Beginn der Neuzeit, das heißt seit der Verbindung mit Burgund und den Niederlanden, fließt von daher romanisches und niederdeutsches Blut ein. Frankreich vertrieb die Hugenotten, sie suchten auch an der Donau Zuflucht. So zogen der Hof und die ihn umgebenden Kreise ständig neue Elemente an. Freilich hielt sich der Zustrom in Grenzen und infiltrierte vor allem die höheren Stände.

Eine andere konstante, doch nicht ganz so leicht überschaubare ethnische Auffüllung erfolgte aus dem slawischen und ungarischen Raum, aus bäuerlichen Gegenden. Sie wuchs langsam und wurde immer mächtiger. Erst ab der Mitte des vorigen Jahrhunderts stehen uns präzise Daten zur Verfügung. Im Jahre 1856 waren von den 467 000 Einwohnern von Wien

in Wien selbst geboren	207 000
in der Umgebung	69 000
in den Alpenländern	18 000
in Böhmen, Mähren und Schlesien	105 000
in anderen Ländern	68 000

Heißt im Klartext: Wer im vorigen Jahrhundert Wiener genannt wurde, war nicht einmal in der Hälfte der Fälle wirklich ein Wiener. Von vier Wienern waren höchstens drei Deutsche, aber jeder zweite hatte schon einen slawischen Vater oder eine slawische Mutter oder mindestens einen slawischen (oder ungarischen) Großelternteil gehabt. Vermutlich war sogar in jeder länger ansässigen Familie ein Spritzer italienisches und ein Tröpfchen französisches Blut mit dabei.

Der Zustrom vom Osten blieb bis zum Ersten Weltkrieg gleich stark oder wurde noch stärker. Der Zufluß aus dem Westen sank dagegen ab. Im Jahre 1910 – die Stadt hatte inzwischen die Zweimillionengrenze erreicht – wurden neben einer Million geborener Wiener 500 000 Menschen gezählt, deren Wiege in den Ländern der böhmischen Krone gestanden hatte.

Hier ging also eine wahre Völkerwanderung vor sich, und man darf sich nicht wundern, daß ein nationaler tschechischer Historiker Wien einmal den größten Friedhof seines Volkes genannt hat: Es habe im letzten Jahrhundert mehr Opfer gefordert als alle Kriege, die je im Laufe der Geschichte über Böhmen hinweggebraust seien. Freilich: Diese Opfer waren keine blutigen, sie waren im höchsten Grad freiwillig gebracht.

In der alten Monarchie kursierte ein Sprichwort, es lautet: Es gibt Glückliche, es gibt Glücklichere, und es gibt – höchste Steigerungsstufe des Glückes – Wiener. So wurde das Leben in der Kapitale der Monarchie eingeschätzt: als Zielpunkt der Sehnsüchte. Kein Beamter, der nicht davon träumte, irgendwann einmal nach Wien versetzt zu werden; kein Offizier, dessen Ehrgeiz nicht darin gipfelte, zu einem Wiener Regiment einrücken zu dürfen; kein Künstler, den es nicht dahinzog; die eigene Nationalität, im angestammten Kronland oft genug mit Leidenschaft verteidigt, sie war sogleich feil, wenn sich die Aussicht bot, in Wien Fuß zu fassen. Ob man aus Prag oder Czernowitz, aus Triest oder Temesvar kam, man wollte doch vor allem Wiener und dann bald nichts als Wiener sein. (Daß damit auch eine Germanisierung vor sich ging, wurde in den allermeisten Fällen als selbstverständlich vorausgesetzt und hingenommen.)

Mit dem Zusammenbruch der alten Monarchie wurde der Zustrom aus dem Osten stark beschnitten; nach dem Zweiten Weltkrieg war er so gut wie abgedreht. Die beiden kurzen Zwischenspiele der ungarischen und der tschechischen Emigration 1956 und 1968 konnten nichts mehr bedeuten.

Woher füllt sich Wien jetzt auf? Durch Gastarbeiter, doch werden viele wieder abgeschoben. Der Zustrom aus den Alpenländern ist nicht imstande, das biogenetische Defizit der Großstadt aufzufüllen. Wien ist eine schwindende Stadt.

—— GERTRUD FUSSENEGGER

DAS WIENER ABC

ABLEHNUNG

Die Stadt Wien hat die seltsame Eigenschaft, Neues und Radikales auf allen Gebieten hervorzubringen und dieses Neue und Radikale jeweils ganz besonders heftig abzulehnen.　　　　　—— HANS WEIGEL

BURGTHEATER

Ich werde noch einmal ins Burgtheater kommen – und wenn ich mir die Karte selbst kaufen muss.

—— KARL FARKAS

CAFÉ CENTRAL

Das Café Central ist eine Weltanschauung, und zwar eine, deren innerster Inhalt es ist, die Welt nicht anzuschauen.　　　　　—— ALFRED POLGAR

DIALEKT

Der Wiener Dialekt ist die wichtigste Fremdsprache, die es im Deutschen gibt.　　　　—— ANDRÉ HELLER

ESSEN

Wenn ich nochmals auf die Welt komme, suche ich mir einen Beruf aus, wo ich in Berlin wohnen, in Paris leben und in Wien essen kann.　—— ALEXANDER RODA RODA

FAD

»Gehen S', san S' net fad«, sagt der Wiener zu jedem, der sich in seiner Gesellschaft langweilt.

—— KARL KRAUS

GETRÄNK

Der wienerische Kosmos wird durch zweierlei Getränk zusammengehalten. Durch Wein und Kaffee.

—— OTTO F. BEER

HEUTE

Das Heute war dem Wiener seit jeher nur die unvermeidliche Übergangsphase zu einem besseren Gestern.

—— FRIEDRICH TORBERG

JUNG

Die jungen Leute in Wien kommen mit siebzig auf die Welt und leben sich dann auf fünfzig runter.

—— ANDRÉ HELLER

KAFFEEHAUS

Die Wiener gehen ins Kaffeehaus, weil sie nicht zu Hause, aber auch nicht an der frischen Luft sein wollen.

—— ALFRED POLGAR

LEGENDEN

Wien ist die Stadt der funktionierenden Legenden. Böswillige behaupten, dass die Legenden überhaupt das einzige seien, was in Wien funktioniert, aber das geht entschieden zu weit. —— FRIEDRICH TORBERG

MENSCH

Vor etwas Unbekanntem hat der richtige Wiener stets einen Horror, für ihn fängt der Mensch erst beim »Bekannten« an. —— HANS SASSMANN

NULL

In Wien stellen sich die Nullen vor den Einser.

—— KARL KRAUS

OPER

Jeder Wiener Operndirektor hat eineinhalb Millionen Mitdirektoren, die ihm alle sagen, wie die Oper geführt werden muss. —— HERBERT VON KARAJAN

PRATER

Der Prater gehört zu den sieben Weltwundern, die ein im Ausland lebender Wiener aufzuzählen beginnt, wenn er Heimweh hat. —— ROBERT MUSIL

QUALITÄT

In Wien ist Qualität schon eine Provokation.

—— ANDRÉ HELLER

RINGSTRASSE

Die Ringstraße ist die schönste Straße der Welt; man kann darauf spazieren und jeden Moment umkehren.

—— MAX VON SCHÖDL

SEHENSWÜRDIGKEIT

Die meisten Sehenswürdigkeiten sind vom vielen Hin-
schauen schon ganz abgenutzt.

—— HELMUT QUALTINGER

THEATER

Wenn man unter einer Theaterstadt eine Stadt versteht, in der alles Theater, das heißt nichts echt und
tief, sondern alles Schminke und Oberfläche ist, eine
Stadt, in der Tag und Nacht Komödie gespielt wird:
dann ist Wien die Theaterstadt schlechthin.

—— EGON FRIEDELL

UNTERGANG

Venedig und Wien versinken – aber bei Venedig weiß
man wenigstens, wohin.   —— WERNER SCHNEYDER

VERÄNDERUNG

In Wien hat sich seit hundert Jahren nichts verändert,
nur der Kaiser kommt nicht mehr.   —— FRITZ MOLDEN

WOHNEN

Jeder möchte in einer Villa im Grünen wohnen, mit
U-Bahn-Anschluss am Wiener Stephansplatz, aber ohne Nachbarn.   —— LEOPOLD GRATZ

Der »Zuagraste« ist also der letzte, der erbärmlichste Mensch; denn – wie schon diese Wiener Sprache einen Ausdruck haarscharf von aller Umwelt schneidet – er ist nichts, weder Mensch noch Deutscher noch Mann noch Steuerzahler, gar nichts als zugereist.

—— ANTON KUH

DAS IST WIEN!

Sie kommen in Wien an, möglichst nicht mit dem Flugzeug und wahrscheinlich auch nicht vom Süden her, sondern über die klassische westöstliche Route. Wenn nach zwei kurzen Tunnels der Zug mit starkem Gefälle abwärts zu eilen beginnt, sind Sie im Tal des Wienflusses, im Wienerwald. Der Wienfluß ist allerdings kein Fluß, sondern ein Bächlein, dafür ist der Wienerwald auch kein Wald, sondern ein Gebirgszug, wenn auch lind, sanft, verbindlich. In sachten, kaum mehr erheblichen Erhebungen wird Abschied gefeiert rund um Sie, die Sie am Fenster stehen und abwärts rollen – es ist die Kette der Alpen, die Abschied nimmt und hier ausklingt, verebbt. Jäh und hoch und feindselig beginnt sie am Mittelmeer, scheidet kraß und deutlich den lateinischen Süden vom deutschsprechenden Norden, muß durch gewaltige Straßen und überlange Tunnels überwunden werden. Hier aber – erinnern Sie sich an die zwei kurzen Tunnels? –, hier ist kein Wall mehr, keine Scheidung, hier ist nur noch eine letzte Andeutung von Gebirge und dann Verfließen in die große Ebene, der Bogen läuft aus in einen zierlichen Schnörkel, die große Weite hebt an. Und am Punkt der Begegnung liegt Wien.

Allmählich wird es städtisch rechts und links; Sie sind natürlich begierig und suchen Eindrücke. Ach Gott, ist denn das die erste Stadt, die Sie derart entdecken wollen? Haben Sie vergessen, daß weder in der Nähe von Bahnlinien noch von Bahnhöfen die großen Palais und schönen Straßen liegen? Wien hat Ihnen sowieso schon mehr gezeigt als andere Städte in entsprechender Situation. Sie haben den Wienerwald sehr original gesehen. Sie sehen auch einige der charakteristischen, in den zwanziger Jahren revolutionären Wohnbaukolosse der Stadtverwaltung, sonst aber gibt es, sobald es städtisch wird, vor allem Rückseiten, bis über den Vorortbahnhof Hütteldorf-Hacking hinaus, es sei denn, daß Sie, vielleicht, wenn Sie großes Glück haben, rechts einen kurzen Augenblick lang das Schloß Schönbrunn in seinem Park daliegen sehen und all seine herrliche Gelblichkeit. Und dann fahren Sie in den Westbahnhof ein.

Der Westbahnhof ist sehr neu und noch lange nicht trockengewohnt, sein Stil ist problematisch und nicht allzu weit von dem entfernt, was ein verbreitetes Übel baulicher Neugestaltung ist und »Neonfaschismus« genannt werden könnte. Auf dem Westbahnhof sind Sie nicht ganz in Wien, er könnte wo immer sonst passiert sein. Und nun gehen Sie nicht nach links, sondern die große Treppe geradeaus hinunter und durch die Halle vor die Stirnseite, und das ist Wien!

Das ist Wien? Ja, gewöhnen Sie sich daran!

(Dieser Text entstand vor dreißig Jahren. Seither sind die häßlichen Gebäude schöner geworden!

—— HANS WEIGEL (1989)

WIENER BLUT

HERR WIENER ÜBER WIEN

Wie sagen Sie, bitte? Über Wien soll ich mich aussprechen? Und zu Ihnen?... Also, vor allem, bitte: Ich bin ja gar kein Wiener. Freilich, da haben Sie recht, das sind die anderen auch nicht. Komische Stadt, deren Bewohner zu neun Zehnteln alle anderswo zu Hause sind. Mit der Dynastie fangt's an, fangt alles an, denn das ist Ihnen ja doch wohl klar, bitte: Wien ist eine Kaiserstadt. Besonders in der Republik natürlich. Aber die Kaiser, bitte – wer waren sie denn? Schweizer, dann, drei Jahrhunderte später, Spanier – und zuletzt Italiener und Lothringer. Kaiser Franz zum Beispiel, der gute Kaiser Franz, den sie nach seinen Aussprüchen für einen Urwiener halten möchten, war ein Italiener, in Florenz geboren, bitte. Wienerisch geredet hat er, das ist ja wieder ganz was anderes. Das hat seine Großmutter, die Kaiserin Maria Theresia, eingeführt, aber nur für den Hausgebrauch sozusagen, für die Gesindestube. Wenn vornehmer Besuch gekommen ist, hat man geschwind französisch gesprochen oder spanisch. Der Hofrat Obermayer zum Beispiel, der aus Oberösterreich stammt, nah der bayerischen Grenze, wenn er mit seiner Frau, einer geborenen Wiener Wirtstochter aus der Kärntnerstraße – wenn er mit ihr bei Tisch sitzt, wie reden's vor den Leuten? Spanisch diskurieren's miteinander, weil das besonders fein ist. Einfluß des Hofes, bitte; Hoflieferanten, Bediente, Schauspieler, vom zugereisten Adel gar nicht zu reden, lauter Ausländer, durch die Jahrhunderte. So was färbt ab, bitte. Wie soll denn da, bitte, eine Stadt deutsch bleiben, überhaupt, wenn sie's nie gewesen ist! Wie? Ich übertreib', sagen Sie? Im Mittelalter, sagen Sie? Walther von der Vogelweide; die Babenberger, sagen Sie? Ah ja. Die schon, die Babenberger. Das waren Deutsche, aber die haben ja auch nichts zu reden gehabt, in Wien – zumindest nicht in den letzten sechshundert Jahren. Wien, sag' ich Ihnen, ist ganz und gar achtzehntes Jahrhundert, nicht zwölftes. Es ist so sehr achtzehntes Jahrhundert, daß bei uns das achtzehnte Jahrhundert bis ins zwanzigste reicht. Glauben Sie, daß das angenehm ist, in einer Stadt zu leben, die drei Jahrhunderte braucht, um eines zu erleben? In der jeder mit seinem Vorgänger oder Ältervater verwechselt wird? In der Sie, wenn zum Beispiel der Raoul Aslan im Burgtheater den Hamlet spielt, immer wieder in der Zeitung lesen müssen, wie gut der Kainz als Hamlet war? Mit der Währung ist es ja genauso. Wie ich noch jung war, haben's die Kronenwährung bei uns eingeführt; aber alle Leut' haben flott nach Gulden weitergerechnet. Jetzt haben wir seit fünfzehn Jahren den Schilling, aber viele Wiener rechnen noch immer in der entwerteten Kronenwährung. Kommt da unlängst eine alte Dame zu uns ins Geschäft und fragt: Was kostet diese Ledergarnitur? Ich sag: Hundertfünfzig Schilling, gnädige Frau. Ah, sagt sie, das ist mir zu teuer, das kann ich nicht ausgeben, und will weggehen. Aber, gnädige Frau, ruf ich ihr nach, Frau Hofrat: anderthalb Millionen ist doch kein Geld! Ah so, sagt sie und kommt zurück: Anderthalb Millionen! Das ist etwas anderes! Schaut sich die Garnitur noch einmal an und kauft's.

Und so ist alles bei uns, alles. Die Titulaturen, zum Beispiel. Sie wissen, daß man in Wien jeden mit »Herr von« anredet, der's nicht ist. Also bei mir haben die Leut' kein Glück, ich hab' erst unlängst so einem Fadian – der mir noch dazu Geld schuldig ist – gesagt: »Sagen S' mir nicht Herr von Wiener, sagen S' mir einfach Herr Präsident. Wir sind Demokraten, wir Wiener ...« Aber ich bin ja auch kein Wiener, bitte, das ist eben der Unterschied. Der richtige Wiener nämlich, müssen Sie wissen, ist der hochmütigste Mensch der Welt. Er bildet sich tatsächlich etwas darauf ein, ein Wiener zu sein. Auf Grund dieser Leistung nimmt er Vorrechte für sich in Anspruch. Aber worin hat sie denn eigentlich bestanden, diese Leistung? Ich werd's Ihnen sagen, was der Wiener für Wien geleistet hat, durch die Jahrhunderte: Im Spalier ist er gestanden und hat geschimpft. Darum ist er auch mit jeder Regierung einverstanden, vorausgesetzt, daß er schimpfen kann, sogar mit der Republik war er's eine Zeitlang, obwohl sie ihm das Spalierstehen etwas erschwert hat.

Und sonst? Unsere alte Kultur, sagen Sie, die Musik ... Also auf die Musik hab' ich nur gewartet. Die Wiener Oper hat auf der Welt nicht ihresgleichen und der Schubert war ein Wiener. Richtig. Er war aber auch der einzige. Denn die anderen −? Mozart stammt aus Salzburg, Beethoven vom Rhein, Johann Strauß war ein halber Spanier, Brahms ein ganzer Hamburger und der Lehar ist ein Slowak. Lauter Wiener, die Wien berühmt gemacht haben. Und in der Literatur ist's nicht anders, hab ich mir sagen lassen. Ich hab nämlich einen Fabriksdirektor, der was Bücher liest − er ist auch sonst nicht ganz normal und wird bald pensioniert werden. Also von dem weiß ich allerhand: Der Grillparzer war ein Oberösterreicher, Stifter ein Deutsch-Böhm. Lenau ein Ungar. Und in der Politik, in der Wissenschaft, in der Industrie ist's genauso. Die Koryphäen auf jedem Gebiet stammen bei uns aus dem Ausland.

Ganz Wien stammt aus dem Ausland. Darum spielt ja auch bei uns der Ausländer eine so große Rolle. Weil der Wiener nämlich sehr selbstgefällig ist. In der

Beziehung nimmt er's mit Neapel und Venedig auf, mit welchen Städten Wien überhaupt die größte Ähnlichkeit hat, besonders mit Venedig, das ja auch von seiner schönen Lage und ruhmreichen Vergangenheit lebt. Nur die Annehmlichkeit der Lagunen fehlt bei uns leider. Aber sonst ist Wien genau wie Venedig: eine tote Stadt, von rauschendem Leben erfüllt. Auch der Scirocco ist eine Ähnlichkeit, der wie man behauptet, die Menschen schlapp macht und den Charakter auflöst. Gut, wenn eine Stadt sich auf den Wind ausreden kann.

Wahrscheinlich ist dieser Wind auch daran schuld, daß die öffentlichen Uhren in Wien alle so unrichtig gehen. Wien ist die unpünktlichste Stadt, aber der Wiener ist nicht schuld daran, aber woher, der Wind ist schuld. Unlängst hab' ich mich mit einem Geschäftsfreund mittag um dreiviertel eins vorm Rathauskeller verabredet, unter der Turmuhr. Gut, ich geh vor halb eins vom Geschäft weg, schlendere über den Ring, wie ich aber auf den Schwarzenbergplatz komme, ist's dort auf der elektrischen Uhr bereits dreiviertel. Also nehm' ich mir geschwind ein Taxi und fahr quer durch die Stadt; im Vorbeifahren schau' ich auf die Uhren. Am Michaeler-Turm ist es fünf Minuten auf Eins, am Kaffee-Zentral dreiviertelacht, und die Rathausturm-Uhr zeigt 5 Minuten nach halb; so daß ich noch eine Viertelstunde auf meinen Geschäftsfreund warten muß. Endlich, zehn Minuten vor Eins, kommt sie – pardon, ich mein' natürlich, kommt er daher. Also jetzt frag' ich Sie: kann man in einer Stadt leben, in der sogar die Uhren lügen? In einer Stadt, die das unangenehmste Klima und die schönste Umgebung hat? In einer Stadt, in der der liebe Gott ein Wiener und jeder Ausländer ein höheres Wesen ist? In einer Stadt, in der ununterbrochen gearbeitet wird, in der aber kein Mensch zugeben will, daß er arbeitet? Herr, Sie werden begreifen ... Aber mir scheint, Sie begreifen wirklich? Sie geben mir recht! Sie fänden es ganz in der Ordnung, wenn ich mich expatriieren tät'? Ins Ausland gehen? Was? Übersiedeln? Wie? – Und wohin übersiedeln, wenn ich fragen darf?? Herr, merken Sie sich das Eine: In Wien kann man zwar nicht leben, aber anderswo kann man nicht leben. – Verstehen Sie nicht? Hätt' mich auch gewundert. Aber jedenfalls, wenn Sie jemand fragt, so sagen Sie bitte: Ich bin zwar kein Wiener, aber so dumm, daß ich von Wien wegziehen würde, bin ich auch wieder nicht. Ich hab' nicht die geringste Lust auszuwandern, merken S' sich das! Weder nach London noch nach Paris, schon gar nicht nach Rom und am wenigsten nach ... Habe die Ehre!!!

—— RAOUL AUERNHEIMER

DIE WIENER

In den Straßen Wiens gibt es wenig Fuhrwerke, aber viele Fußgänger. Die haben keine Eile. Sie schauen gerne die schönen Auslagen der Geschäfte an. Oft bleibt einer auch in der klassischen Stellung der Meditation mit der Hand am Kinn eine Weile stehen und schaut vor sich hin. Denn der Wiener ist ein Spazierträumer. Wenn er geht, dann träumt er, und das ist seine große Freude. Viele gehen in der berühmten Haltung Beethovens mit auf dem Rücken verschränkten Händen. Manche haben auch den Hut in der Hand, manche summen Melodien vor sich her, manche lesen im Gehen, manche sprechen mit sich selber, andere machen mindestens Mimik und Gesten des Sprechens.

Wenn sie so Spazierengehen, denken sie meistens an den Urlaub – an den vergangenen oder an den kommenden –, an Wege, die sie gegangen sind oder die sie gehen wollen, an Berge und Städte und Meere, die sie gesehen haben oder die sie sehen wollen. Denn der Wiener lebt von Feierabend zu Feierabend, von Sonntag zu Sonntag, von Urlaub zu Urlaub, und dazwischen wünscht er sich sein Leben weg. Seine Lebensjahre benennt er nach dem Erlebnis seines Urlaubes. Der Wiener lebt für seine Muße – die ist sein Lebensinhalt:

tut, und den ewigen Zwiespalt zwischen dem Beruf, den man verfehlt, und dem unrichtigen, den man gewählt hat. Da kommt er schließlich zu einer schmerzlich lächelnden Resignation, die der echten frommen Gottergebenheit sehr nahekommt, bei der dann auch viele Menschen landen – weit mehr Menschen als es zugeben.

Der Wiener spielt zwar gerne den Freigeist, er hat viel Neigung zu Skepsis und Zynismus, aber in Wahrheit ist er fromm: er ist ein verschämter Gläubiger, und zwar ein, wenn auch nicht demonstrativer und buchstabengläubiger, so doch ganz echter Katholik. Er spottet es gerne weg, er will es nicht wahrhaben, aber so wie der Berliner viel gottloser ist, als er selber weiß, so ist der Wiener viel katholischer, als er selber glaubt. Katholisch ist seine Demut gegenüber dem Schicksal und den Ereignissen der Außenwelt, katholisch ist sein Mißtrauen in Verstand und Logik, sein mystischer Glaube, daß eine höhere Macht die Dinge lenkt, wie sie will, und daß man diese höhere Macht nur ärgert, wenn man zuviel selbst will. Katholisch ist die Neigung des Wieners, in kritischen Momenten die Augen zu schließen und die Hände in den Schoß zu legen. Katholisch ist seine Freude an allen irdischen Genüssen und der gleichzeitige Glaube, daß der richtige Weg immer der unerfreulichere sei ... Das ist der

Glaube, mit dem der Wiener seinen Beruf und seine Liebe so oft verfehlt – dieser Glaube, daß die Pflicht immer dort ist, wo keine Freude und viel Verzicht liegt. Katholisch ist der große passive Mut des Wieners, seine Fähigkeit, würdevoll und still zu leiden, und das Verdienst, das er in solchem Leiden sieht – nicht aber im Kampf gegen das Leiden.

Der Wiener ist aber nicht nur katholisch – er ist mönchisch: Das Ideal jedes Wieners ist ein stilles, beschauliches, fast einsames Leben, begleitet von den einfachsten Genüssen, die das Leben bietet: eine saubere, kleine Wohnung, einfache, gute Kost, gute Luft – und wenn da noch ein wenig Musik, ein Glas Wein oder Bier und eine leichte Zigarre dazukommen, dann ist er zufrieden und verlangt nicht mehr. Er findet tausend kleine Freuden im Alltag und genießt sie dankbaren Herzens. Nur Ruhe will er haben und Einsamkeit, wenn ihn danach verlangt. Stillen und einsamen Liebhabereien gibt er sich mit mönchischem Fleiße hin: er sammelt Briefmarken, Kupferstiche, Viennensia, Porträts, Zeitungsköpfe, Zündholzschachteln, Pflanzen, Insekten und vieles andere.

Und jeder Wiener ist auch ein Lokalhistoriker, der über alle Reste der Vergangenheit wacht. Wenn ein Haus demoliert werden soll, dann regnet es Zuschriften an die Zeitungen: daß Beethoven in diesem Haus gewohnt hat (er hat nämlich in jedem älteren Wiener Haus gewohnt, weil er so viel umgezogen ist), daß ein Fenster im dritten Stock zugemauert ist und warum, daß ein Hauszeichen da ist und was es bedeutet, und überhaupt, daß man das Haus stehen lassen soll. Tausende schrullenhafter Einsiedler leben in Wien, die in jeden Stein und jeden Baum der Stadt verliebt sind und die am liebsten ganz Wien unter einen Glassturz stellen möchten und sich selbst dazu, und alleweil in der Stadt herumgehen und schauen, daß alles schön bleibt, wie es ist. Schon mit zwanzig Jahren fangen sie an, mit Rührung an ihre Kindheit und Jugend zu denken und mit Sorgfalt alles zu konservieren, was diesen heroischen und poetischen Teil ihres Lebens begleitet hat. Die Wiener sind große Aufheber. Sie umgeben sich gerne mit Reliquien und Andenken, vor allem aus ihrem eigenen Leben und aus dem Leben verehrter Freunde, Lehrer und Frauen, die sie oft unglücklich, oft nur aus der Ferne geliebt haben.

Aber trotz all dieses mönchisch-katholischen Wesens ist der Wiener nicht frei von Stolz, Eitelkeit und Hochmut. Sie dienen ihm vor allem dazu, seine Abgeschlossenheit und seinen ängstlich behüteten Eigenraum zu verteidigen. Alle kleinen Künste der Arroganz beherrscht er meisterhaft: er kann durch die Leute durchschauen, durchhören, über sie weg reden, er kann ihre Namen und Titel vergessen und verdrehen, kann ihren Gruß übersehen oder, wenn er ihn erwidert, jemand anderen dabei anschauen – alles das kann er.

Der Wiener ist auch nicht frei von der großen Krankheit der Jahrhundertwende, vom Snobismus, der um diese Zeit die ganze Welt ohne Unterschied der Nation und der Weltanschauung erfaßt hat. Am wenigsten Snobs sind noch die Franzosen. Sie sind zu leicht von der Persönlichkeit fasziniert, und darum fallen sie auch Schwindlern so leicht hinein. Denn ganz unnütz ist ja der Snobismus nicht. Er richtet Hürden des Mißtrauens auf, und das kann in einer Gesellschaft nicht schaden, die so in Bewegung geraten ist wie die europäische um 1900: Oberklassen steigen ab und verbergen ihren Abstieg hinter einer glänzenden Fassade, die keine Stützen mehr hat. Unter- und Mittelklassen steigen auf und bringen von unten Traditionen und Gewohnheiten mit, die zu ihren schönen Kleidern und Möbeln nicht passen ... Die Ordnung stimmt nicht mehr – eines paßt nicht zum anderen.

Der Schein führt oft ganz in die Irre. Da muß man sich mit einigem Hochmut wappnen und sich die Menschen dreimal anschauen, ehe man sich mit ihnen an einen Tisch setzt.

Jeder Kreis hat natürlich in Wien seinen eigenen Snobismus, aber vor allem ist Wien doch eine Beamtenstadt. Der Wiener Snobismus geht also in erster Linie auf Rang, Titel und Beziehungen. Die Menschen erstreben amtliche Funktionen oder mindestens Titel, die so klingen wie die der Beamten. Am Abend vor dem Einschlafen reden die Ehegatten von den Titeln, die sie sich wünschen, und sie träumen dann von ihnen. Sie suchen eifrig den Verkehr mit Leuten, die die erwünschten Titel führen, und halten sich von Leuten ohne entsprechende Titel fern. In Wien ist es nicht so wichtig, wie einer heißt, sondern was für einen Titel er hat.

Wien hat kein stolzes patrizisches Bürgertum vom Schweizer oder vom englischen Stil, das auf nichts pocht als auf seinen Namen und seine Bodenständigkeit. Die Wiener sind fast alle nicht bodenständig. Familien werden in Wien nicht alt – über die dritte Generation kommen sie selten hinaus. Die meisten Wiener Bürger stammen von armen Bauern oder kleinen Handwerkern ab. Diese bescheidene Herkunft von kleinen, armen Leuten – diese fehlende Tradition von Wohlstand und Einfluß – macht die ängstliche und schüchterne Kleinbürgerlichkeit der Wiener verständlich. Die Wiener Familien sterben aus, wenn sie einmal gelernt haben, Herren zu sein, und die neu Hinaufgekommenen haben die zaghaften Herzen ihrer geprügelten Vorfahren – sie haben vielleicht Geld, aber keinen Mut und kein Selbstbewußtsein geerbt. Darum haben sie diese Titelsucht und dieses Bedürfnis, sich vom Staat auf dem Weg über die Beamtenstellung das Selbstbewußtsein wenigstens auszuleihen, das sie selber nicht besitzen.

Wenn sie dann einmal irgendeine höhere Stufe erreicht haben, verschanzen sie sich ängstlich nach unten und trennen sich hochmütig von allem, was unter ihnen steht. Kein Kreis fühlt sich in Wien zusammengehörig und solidarisch – jeder Kreis neigt dazu, sich zu spalten. Die Menschen leben auf Inseln, die ihr Hochmut voneinander so gründlich trennt, daß sie keine Ahnung von dem Leben haben, das auf den Nachbarinseln herrscht. Ängstlich weichen die Menschen neuen Bekanntschaften aus, besonders die Frauen, die bissig den Verkehr ihrer Gatten und Kinder überwachen, damit nur um Gottes willen niemand ins Haus kommt, der nicht voll ebenbürtig ist.

Die Männer flüchten vor diesem Snobismus der Frauen ins Kaffeehaus, denn im Kaffeehaus kann man ungeniert Zufallsbekanntschaften machen, die zu nichts verpflichten. Nicht als ob die Männer keine Snobs wären, aber sie wollen doch gelegentlich aus ihrem engen Kreis wenigstens den Kopf herausstecken. Vielleicht war das alles in Wien einmal anders – um die Jahrhundertwende jedenfalls ist der Wiener ein um seine soziale Position ängstlich besorgter Snob geworden. Einer ist hochmütig, weil er wirklich Grund dazu hat, der andere, weil er glauben machen will, daß er ihn hat, der dritte nur, um seine Ruhe zu haben und allein gelassen zu werden, der vierte aus Angst, daß der andere zu ihm hochmütig sein könnte, der fünfte aus Angst, der andere könnte ihn zu gering schätzen, wenn er nicht hochmütig wäre, und alle zusammen sind hochmütig aus Bequemlichkeit, aus Angst, daß einer sonst am Ende etwas von ihnen verlangen könnte oder daß er sonst glauben könnte, sie brauchen etwas von ihm, und weil sie niemand nachlaufen und sich nichts vergeben wollen: empfindliche, nervöse Menschen mit viel Minderwertigkeitsgefühl und innerer Unsicherheit – hochmütig nicht aus Kraftgefühl, sondern aus Schwäche.

Kaum zwei Städte sind einander ähnlicher als Wien und Paris: Die Stadtanlage in großen Veduten, das Leben in Zinskasernen, das Wohnungselend, das Vorherrschen des mittleren und kleinen Bürgertums, die katholische Denk- und Lebensart, die Liebe zum guten Essen, die Sparsamkeit, die künstlerische Begabung, das Sonderlingswesen – ach Gott! –, die Ähnlichkeiten sind zahllos! Man käme mit der Aufzählung gar nicht zu Ende. Nur in einem unterscheidet sich der Wiener vom Franzosen wesentlich: Es fehlt ihm die Größe – die Größe im Glauben, in der Liebe, in der Vollendung ... Der Wiener ist und bleibt immer fragmentarisch – eine Skizze, ein Entwurf, kein Ganzes. Wien ist die Stadt der verkannten Genies – was heißt denn das anderes als der unvollendet gebliebenen Genies?

Zahllos sind die Menschen, die hier große Ansätze nehmen. Jeder Lehrer, der etwa aus dem Reiche nach Wien kommt, ist hingerissen: Was gibt es hier für Begabung! Und ein paar Jahre später sind alle diese großen Begabungen nicht mehr zu sehen: untergekrochen in kleine Ämter, in kleine Lehrstellen – wenn man einen von ihnen einmal daran erinnert, wieviel man von ihm erwartet hat, dann zuckt er nur mit den Achseln und sagt: »So ist das Leben ...«

Nicht an Ideen fehlt es den Wienern, sondern an der Kraft zur Vollendung. Erst die Vollendung gibt ein Recht auf den Ruhm des Werkes – die Idee haben viele. Den halben Weg gehen auch noch manche, aber nur wer bis an das Ende geht, erreicht das Ziel. Daran fehlt es den Wienern furchtbar – an der Fähigkeit, bis an das Ende zu gehen. Oft verläßt sie in der nächsten Nähe des Zieles alle Freude an der Sache: sie sehen den Gipfel ohnehin vor sich – viel mehr kann da droben auch nicht mehr zu sehen sein. Da ersparen sie sich lieber das letzte Stück und kehren gleich um.

Vielleicht ist das das Gegenbild ihrer großen Tugend: der Gleichgültigkeit gegen äußeren Ruhm und gegen Reichtum, einer fast ängstlichen Scheu, hervorzutreten oder liebgewordene Lebensgewohnheit ändern zu müssen, die Fähigkeit, sich selbst mit dem Bewußtsein des eigenen Wertes zu genügen. Ja, aber warum denn dann die Verbitterung? Die menschenfeindliche Vereinsamung? Denn den Wiener verbittert ja der Mißerfolg – er ist ihm gar nicht gleichgültig. Aber er will sich nie auf den ersten Platz vorkämpfen – er will sich in die letzte Bank setzen, und ein guter Lehrer oder ein Schutzengel soll ihn sehen und ihn sanft bei der Hand nehmen, um ihn an den wohlverdienten Ehrenplatz zu führen ... Errötend und mit niedergeschlagenen Augen will er sich dann gerne führen lassen. Er will immer wieder entdeckt, eingeladen, gebeten werden – er will nicht fordern, begehren und durchsetzen müssen. Er schimpft zwar, er ist enttäuscht, aber doch nicht genug, um ernsthaft zu fordern und für seine Forderungen zu kämpfen. Man hat oft den Eindruck, daß Mißerfolg und Enttäuschung den Menschen hier erwünscht kommen und daß sie gerne den Vorwand ergreifen, die Lasten und die Pflichten abzuschütteln, die ihnen ihre Begabung und ihre Erfolge auferlegen. Ist es zu glauben, daß ein Dichter wie Grillparzer nach dem ersten ernstlichen Mißerfolg sich zurückzieht und der Öffentlichkeit fast für immer aus dem Weg geht? Ist es zu glauben, daß ein Dichter von der Kraft Raimunds sich nicht genug Bildung und Formvollendung erwerben kann, um sich an den Platz zu stellen, der seiner Begabung zukäme? Ist es zu glauben, daß ein genialer Satiriker und Theatervirtuose wie Nestroy nicht die Kraft und den Willen hat, seine Werke über das Niveau von Lokalpossen und Parodien zu heben? Natürlich – da gibt es sofort Leute, die sagen: »Wie es ist, ist es recht, und gerade darin besteht der Reiz ...« Ja, das ist schon ganz richtig, aber auf diese Art sind viele österreichische Dichter niemals über eine begrenzte Bedeutung hinausgekommen. Sie haben ihre Eigenart in keine vollendete und endgültige Form zu bringen verstanden, die von der ganzen Welt als musterhaft, als beispielgebend, als »klassisch« anerkannt worden wäre.

Es handelt sich hier um den tragischen Defekt des Wienertums: Mangel an Selbstbewußtsein? Minderwertigkeitsgefühl? Ja! Aber mehr als das – es ist ein tiefer moralischer Defekt: Fatalismus im Sittlichen. Der Wiener kennt die Leidenschaft nicht, mit der etwa der Franzose Wahrheit, Recht, Schuld und Verantwortung erforscht. Er hat sich einen simplen Skeptizismus und Relativismus zurechtgelegt. Seine Weltanschauung ist ein resigniertes Achselzucken geworden, er wundert sich über nichts und begrüßt Enttäuschungen mit der Freude des Mannes, der es schon immer gesagt hat. Mit einer solchen Lebensweisheit kann man nicht kämpfen und nicht arbeiten. Sie führt zu einer maßlosen Toleranz und Gleichgültigkeit. Man kommt im Leben nicht ohne Wertmaßstäbe und Zurechnung aus. Je lockerer man sie anwendet, um so beiläufiger wird alles, was man selber leistet, und alles, was die anderen für einen leisten. Wahrheit, Recht, Schuld, Verantwortung sind notwendige Hilfsziele bei der Konstruktion sittlicher Werturteile. Wendet man sie nicht an, dann geht einem jedes Werturteil verloren, dann urteilt man nur mehr instinktiv, konventionell oder nach einem ganz opportunistischen Nützlichkeitsprinzip, das man nach Geschmack mit einem bitteren Lächeln würzen kann. Pilatus! »Was ist Wahrheit?« Das ist das Motto des Wieners.

Zu diesem sonderbaren Fatalismus gehört es auch, daß für den Wiener jedes Problem damit erledigt ist, daß er es in gesprochenen oder geschriebenen Worten darzustellen oder zu lösen gesucht hat. Mehr will er nicht, Konsequenzen zieht er nicht und nennt jeden einen Schmock und lächerlichen Prinzipienreiter, der nun tatsächlich hergeht und eine gewonnene Erkenntnis in die Tat umsetzen will. Denken und Reden hat für den Wiener mit dem wirklichen Leben nichts zu tun. Das wirkliche Leben wird durch Tradition und Gewohnheit bestimmt, und es ist und bleibt so, wie es ist. Das Denken beschäftigt sich mit dem, was sein sollte oder sein könnte – das eine hat mit dem anderen nichts zu tun. Die Trägheitshemmung des Wieners, neue, ungewohnte Erkenntnisse zu verwirklichen, ist fast unübersteigbar. In der Tiefe seiner Seele ist der Wiener eben zweiflerisch, gleichgültig, glaubenslos. Die wunderbare, törichte Kraft des Glaubens, der Berge versetzen kann, fehlt ihm, und ohne die gibt es hier auf Erden keine Größe. Wien ist nicht die Stadt der großen Bekenner, Heiligen und Ketzer.

Körperlich ist der Wiener kein Riese: selten mehr als mittelgroß, in der Jugend überschlank mit flacher Brust und schmalen Schultern. Die Ärzte nennen diesen Typus asthenisch, und sie wissen, daß diese Astheniker in der Regel nervös und Lungenkrankheiten ausgesetzt sind. Er hat auch den Charme und die Grazie, die diesen überschlanken, zarten Menschen eigen sind. Er tanzt gut; er hat hübsche Bewegungen; er sieht ohne viel Bemühung elegant aus. Wenn er seine Jugend glücklich überlebt hat, wird er rasch dick. Dann werden seine Lungen und Nerven gesund. Kein Mensch glaubt dem dicken, kleinen Vierziger, wie zart und anfällig er mit zwanzig Jahren war. Die Astrologen sagen, daß dieser Körpertypus für die

Waagemenschen charakteristisch sei, und tatsächlich gilt seit jeher die Waage als das Himmelszeichen Österreichs. Viel hält der Wiener aber auch nicht aus, wenn er dick und gesund geworden ist. Arbeit, Sorgen, Hetzerei zermürben ihn rasch. Hat er ein mühe- und sorgenvolles Leben gehabt, dann bekommt er mit fünfzig plötzlich einen Knacks – das Herz oder die Nieren oder die Arterien lassen aus, und dann wird er nicht mehr der alte. Das starke und fruchtbare Greisenalter, das wir bei den romanischen Völkern so oft bewundern, findet man in Wien fast niemals. Vielleicht ist dieser wenig widerstandsfähige Körper an vielen Mängeln des Wieners schuld.

Es gibt in Wien allerdings auch eine ganz andere Rasse. Die muß von irgendwelchen Völkern übriggeblieben sein, die früher in Österreich gesiedelt haben. Das sind die starken Männer. Wien ist seit jeher in der ganzen Welt für seine Schwerathleten bekannt. Nur die berühmten Hamals im Hafen von Stambul leisten ähnliches. Vielleicht sind die starken Männer aus der Türkenzeit übriggeblieben. Kommen Fremde in Wien an, dann sind sie immer ganz weg, wenn sie sehen, wie ein Träger einen Koffer, den anderswo zwei kaum erschleppt haben, mit Grazie allein auf den Rücken schwingt und damit leicht einhergeht, als ob es ein kleiner Rucksack wäre.

Draußen in Vorstadtwirtshäusern haben diese starken Männer ihre Klublokale. Da vertilgen sie die Fleisch- und Biermengen, die sie zur Erhaltung ihrer Kraft für erforderlich halten, da trainieren sie und treffen sich mit ihren Sportmäzenen – Fleischhauern oder sehr hohen Herren. Die feinen Leute verachten natürlich diesen rohen Sport, dem wirklich nicht die vornehmsten Leute huldigen: Fleischhauergehilfen, Möbelpacker, Schwerfuhrwerkskutscher, Gepäckträger – ein eigenes Volk im Volk: die starken Männer. Alt werden auch sie nicht. Auch für sie sind die Fünfzig eine böse Schwelle, aber Athleten werden ja nirgends in der Welt alt.

Der Wiener liebt sein Leben, er fürchtet den Tod, er weiß sein Leben mit so vielen kleinen Freuden der Augen, der Ohren und des Herzens auszustatten, daß er am Leben wirklich etwas zu verlieren hat, aber er klammert sich nicht an sein Leben. Es fällt ihm nicht ein, mit seiner Gesundheit Geschichten zu machen. Er steht mit seinem Körper auf einem ewigen Ultimatumsstandpunkt: biegen oder brechen – wenn der Körper das nicht hergeben will, was von ihm verlangt wird, dann soll er halt draufgehen. Zu Ärzten hat der Wiener gar kein Vertrauen. Der Wiener geht in der Regel zum Arzt, wenn es schon zu spät ist. Solange es geht, schleppt er sich mit seinem Leiden herum. Selbst die Hypochonder unter den Wienern stellen lieber ihre eigenen Diagnosen und behandeln sich selber, als daß sie zum Arzt gehen.

Auch sonst klammert sich der Wiener nicht ängstlich an sein Leben. Es ist ihm natürliche, körperliche Tapferkeit gegeben. Er fordert den Tod auch ohne Not heraus. Er macht gerne schwere Bergtouren als Alleingänger, er steigt oft ganz leichtsinnig, ohne Training, ohne zureichende Ausrüstung, auf Berge, von der schwierigsten Seite, nicht aus sportlicher Eitelkeit – einfach aus Laune, weil es ihn lockt. Und sonderbar! Dieser tollkühne Mensch, der sein Leben für eine Laune riskiert, wird kleinwinzig und demütig vor seinem Vorgesetzten – auch wenn der im Unrecht ist –, vor jedem Wachmann, vor seinem Hausmeister, vor allem, was wie Obrigkeit oder Behörde aussieht.

Physischer Mut vereinigt sich da auf das sonderbarste mit moralischer Mutlosigkeit. Das ist schon nicht mehr Gottergebenheit, sondern Unglauben an den Geist, an das Recht, an alle moralischen Kräfte. Das ist im Grunde nichts als ein desperater Materialismus, der die Gewalt anbetet und ihr kampflos weicht, weil er nicht daran glaubt, daß das Recht im Himmel einen Bundesgenossen hat, und der sich mit diesem Unglauben noch sehr gescheit vorkommt. Da zeigt sich wieder die Kraftlosigkeit des Wieners im

Sittlichen. Dem Wiener fehlt die heroische Kraft des Glaubens. Das ist sein Verhängnis.

Überall im Ausland glaubt man, daß der Wiener ein sehr heiterer, lebensfroher und unbeschwerter Mensch sei. Das Bild, das sich das Ausland von einem Volk macht, ist in der Regel darum falsch, weil es veraltet ist. Auch der Wiener hat solche veraltete Vorstellungen von anderen Völkern: für ihn sind die Franzosen noch immer leichtsinnig, wankelmütig und verschwenderisch, die Engländer steif und wortkarg. Er hat eben schon lange keine richtigen Franzosen und Engländer mehr gesehen und sie keine Wiener. Denn Wien ist ja seit der Kongreßzeit immer mehr an den Rand der großen Welt geraten, so weit, daß man es vom Zentrum kaum mehr sieht. Seit es Eisenbahnen gibt, ist Wien entlegener geworden, als es früher war.

Es ist der Geist und nicht die Eisenbahn, der Verbindungen herstellt, und der Geist des Westens ist Wien nicht freundlich gesinnt. Für ihn ist Wien der Hort der Reaktion, der Sitz einer bösen Tyrannei, deren Existenz in diesem aufgeklärten zwanzigsten Jahrhundert eigentlich eine Schande ist. Keineswegs nur im Westen, auch im Deutschen Reich denkt man nicht viel anders. Liberale, Protestanten, Demokraten aller Schattierungen hat Österreich gegen sich, und die beherrschen heute die Weltmeinung. Man mag die Wiener ganz gern, aber man will von dem Geist, der bei ihnen herrscht, nichts wissen. Mit mokantem und herablassendem Lächeln sieht das Ausland auf das heitere Wiener Volk herab, das nur durch seinen genießerischen Leichtsinn von der schweren Schuld entlastet wird, ein solches Regime zu dulden, das der ganzen Welt ein Dorn im Auge ist. Und weil das Ausland die weinselige Heiterkeit des Wieners braucht, um die Sympathie zu begründen, die es trotz allem für ihn empfindet, kann es seine Meinung über den Wiener nicht ändern und will es auch gar nicht. Es ist ihm auch nicht sehr wichtig.

Indessen haben sich im neunzehnten Jahrhundert die Charaktere aller Völker ganz beträchtlich geändert; in allen Ländern sind neue Schichten hochgekommen, die dem Land ein neues Gesicht gegeben haben. Die Deutschen sind keine Dichter und Denker mehr, die Engländer sind freundlich und gesprächig geworden und die Franzosen sparsam und verdrießlich. Auch an den Wienern ist das neunzehnte Jahrhundert nicht spurlos vorübergegangen. Provinzler sind in Massen zugewandert, Kleinbürger sind in die Höhe gekommen, alten Oberschichten wankt der Boden unter den Füßen – sie sinken oder fürchten sich, zu sinken –, sie alle fühlen sich in ihrer neuen Lage noch gar nicht behaglich und begegnen ihrer Umgebung mit mißtrauischer Zurückhaltung. Die Mechanisierung des Gewerbes ist dem Wiener, der so gar nicht Kaufmann und Unternehmer ist, schlecht bekommen, und die liberale Welle hat ihm die sichere Ruhe im Glauben gestört, die bei allen katholischen Völkern die nie versiegende Quelle des frohen Gleichmuts ist. Der Wiener ist mißmutig und verdrossen geworden.

Zur Kongreßzeit und im Vormärz war das ganz anders. Das war die Zeit von Lanner und Strauß Vater, da hatte Wien das Tanzfieber, das die ganze Welt angesteckt hat. Nie war der Wiener so übermütig wie unter dem Polizeiregime des guten Kaisers Franz und seines Metternich. Ballsäle von märchenhaftem Luxus schossen damals aus dem Boden. In den Stammbäumen der besten Wiener Familien findet man die Spuren dieser ausgelassenen Zeit: unehelich geborene Vorfahren, Frauen, die nie oder sehr spät verheiratet waren, die Kinder von den verschiedensten Männern haben und die sich in jedem Taufschein ihrer Kinder einen anderen Namen beilegen. Die Enkel erinnern sich dieser heiteren Frauen als frommer, wohlhabender Matronen, die in hohem Alter noch immer gerne gut gegessen haben und schließlich hochgeachtet und tief betrauert gestorben sind. Im alten Wien war man gar nicht prüde. Ganz selbstverständlich war es damals, daß ein Mann mit seiner Geliebten hauste.

Diese Frauen müssen heiter und bequem gewesen sein und nicht gar zuviel Raum im Leben ihrer Gönner beansprucht haben, denn fast keine von ihnen hat in der Literatur oder in der Politik irgendwelche bemerkenswerte Spuren hinterlassen.

Das war einmal. Der Wiener von 1900 ist gar nicht mehr übermütig. Sein Witz ist gallig und wehleidig geworden. Er schimpft und murrt. Ihm ist trüb, bitter und angstvoll zumute. Er muß sich die Stimmung antrinken, und auch seine Weinlaune ist weinerlich. Freilich, jede Verallgemeinerung ist falsch. Es gibt natürlich noch die jungen Mädchen, die sich zu Tode tanzen, die jungen Leute, die ein Vermögen in ein paar Jahren verjubeln, die alten Herren, die nicht aufhören können – aber erstens: wo gibt es die nicht?, und dann: die Wehmut, die immer an Abschied und Tod denkt, ist bei all diesem Leichtsinn immer dabei: »Einmal noch leben, eh' es vorbei, einmal noch leben, lieben im Mai ...«, heißt es im »Walzertraum«. Dieses »einmal noch« beherrscht die Stimmung des Wieners von 1900. Es geht durch die ganze Wiener Literatur der Zeit, und wenn der Wiener es auch versteht, allerlei sentimentale Genüsse aus dieser Wehmut zu destillieren, sie bleibt doch als dumpfer Druck auf seinem Gemüt lasten: Von irgendwoher droht ein dunkles Schicksal, das jeden Augenblick eintreten kann. Es kann der Tod, es kann auch irgend etwas anderes Unvorstellbares sein, das das Schicksal im Schilde führt; das Schicksal wartet nur. Ungewiß, wann, aber einmal wird es sicher eintreten. Dieses Warten auf das Ungewisse ist quälend wie alles Warten. Wenn es doch nur schon käme! Indessen sagt man zu jedem Genuß: »Einmal noch ...« Das ist die Stimmung, aus der der ungeheure Jubel beim Kriegsausbruch entsteht: endlich ist es da – endlich! –, das Warten ist zu Ende, denn der Wiener sieht im Krieg weit weniger den Kampf als den Tod. Er geht nicht kämpfen, er geht sterben. »Weil es bequemer ist«, sagen die Raunzer.

Der Raunzer ist ein Typus, den es in Wien schon immer gegeben hat, aber um 1900 ist er in den Vordergrund geraten. Der Raunzer ist ein bitterer Entzauberer aller Phrasen, aller großen Worte und aller selbstgefälligen Sentimentalität, aber auch er hat dabei eine Träne im Auge, er ist ein Enttäuschter, der im innersten Herzen hofft, daß einmal der Tag kommen wird, der seine bittere Skepsis widerlegt. Er raunzt oft nur, weil irgendein kaum bewußter Aberglaube ihm die Hoffnung gibt, daß er mit seinem Geraunze das Schicksal zum Widerspruch reizen könnte. Es ist oft nur Pose: Bitterkeit ist bei Leuten, die für gescheit gelten wollen, eine Mode – oft ist sie auch ein Trost für Mißerfolge –, aber doch ist sie immer nur eine andere Form der tiefen Wehmut, die hier in den Leuten wohnt, die sie ewig Abschied nehmen und »einmal noch ...« sagen läßt. Ist diese ewige Wehmut der Wiener eine Vorahnung? Vielleicht. Gewiß aber kommt sie aus dem Gefühl des Wieners, daß er vor den Anforderungen dieser Zeit völlig versagt, daß alles schwindet, was ihm das Leben lebenswert macht, und daß er sozusagen zum Aussterben verurteilt ist.

Es ist nicht wahr, daß der Wiener faul ist. Er kann mit wahrem Mönchsfleiß arbeiten – er darf nur nicht gehetzt und gestört werden. Er geht gern auf gewohnten Wegen. Diese Zeit mit ihrer stets wachsenden Eile, ihren ewigen Neuerungen, die nichts zur Gewohnheit werden lassen, ihren ewigen Störungen, macht ihn müde und nimmt ihm jede Arbeitslust. Er ist gescheit genug, um sein Versagen einzusehen – er kämpft gar nicht; es wäre zwecklos.

Aber allen Groll gegen diese Zeit, der er rettungslos erliegt, faßt er in ein Wort zusammen: die Juden. Sie stellen für ihn alle das dar, was er an dieser Zeit haßt. Und das muß man sagen: die Juden bringen in diese Zeit alles mit, was sie verlangt. Der Wirbel, den der Wiener nicht verträgt, ist ihr Lebenselement. Wenn rechts das Telephon geht und links ein Telegramm kommt, von vorn einer »Herr Chef« ruft und hinten einer die Tür aufreißt, dann ist ihnen wohl – das ist ihr Betrieb. Sie haben keine Zeit, sich stundenlang an irgendeine Fleißarbeit zu setzen. Sie disponieren und telephonieren. Das Telephon muß für sie erfunden worden sein; es ist das richtige Instrument ihrer nervösen Ungeduld, mit dem sie jeden Menschen direkt anspringen können. Diese ewig vibrierenden Menschen hat das Schicksal den Wienern auf den Hals gesetzt – den Wienern, deren Lebenselement die Ruhe, das Zeithaben, die Geduld ist, die sorgsam ihr Eigentum und ihren Eigenraum von dem des Nebenmenschen distanzieren und eine schrullenhafte, pedantische Ordnung um sich aufbauen.

Die österreichischen Bauern, von denen der Wiener stammt, sind Einzelsiedler. Nur dort, wo die Verteidigung ihrer Sicherheit sie dazu gezwungen hat, siedeln sie in Dörfern und Märkten. Von ihnen hat er die Neigung zum Distanzhalten geerbt. Der Wiener ist gerne allein, noch lieber ist er freilich zu zweien. Zu einer Tarockpartie oder zur Kammermusik gehören drei oder vier, und größere Gesellschaft freut ihn nur mit alkoholischer Unterlage und völliger Zwang- und Formlosigkeit, die bis zur derben Unmanier reicht. Feine, kultivierte Geselligkeit im größeren Kreis ist für ihn mehr Plage als Vergnügen. Zu zweien wird der Wiener leicht sehr mitteilsam, kindlich mitteilsam, er sagt alles, was ihm durch den Kopf geht, er denkt laut und schaut sich gar nicht recht den Mann an, dem er so viel Vertrauen schenkt, denn dieser Mann ist ihm mehr oder minder gleichgültig, er ist ihm nur Anlaß zu sich selbst, er dient ihm als sein Spiegel, als sein Publikum – er denkt nicht an ihn, er denkt nur an sich.

Er weiß nur, welche Gefühle der andere in ihm hervorruft; was in dem anderen Menschen vorgehen mag, was der denkt, ist ihm gleichgültig. Darum ist der Wiener auch so wunderbar natürlich: er spricht nie in einer Absicht, er gibt sich so, wie er ist, ohne jede Pose. Nirgends auf der Welt hört man Menschen freier und unbeherrschter reden als in Wien. Der Wiener hat nur einen Wunsch: sich auszudrücken. Und weil er nur immer an sich und seinen Ausdruck denkt und gar nicht an den Zuhörer, ist er auch ein schlechter Menschenkenner. Er ist imstande, lange mit jemandem zu verkehren, ohne irgend etwas von ihm zu wissen. Wer immer nur sich sieht und niemals die anderen, muß ja ein schlechter Menschenkenner sein. Egoismus ist eine Art von geistiger Blindheit – Nächstenblindheit.

So erlebt der Wiener an seinen Freunden und Bekannten fortwährend peinliche Überraschungen und Enttäuschungen, die ihn kränken, denn er ist auf sie so gar nicht gefaßt, und da er, wie jeder Egoist, sich selbst schrecklich ernst und wichtig nimmt, fehlt ihm jede heitere Alltagsweisheit, jedes lächelnde Verständnis für die begreiflichen Schwächen des Mitmenschen. Verbittert laufen hier die Leute herum und beschweren sich, daß sie von ihren Freunden verraten, enttäuscht und gekränkt worden seien – und von den Frauen natürlich auch. Da fehlt ihnen jeder Humor, da fragen sie sich niemals, ob nicht sie auch den anderen etwas schuldig geblieben sind. Immer fühlen sie sich verkannt und nicht hinreichend gewürdigt, immer bedauern sie sich.

Da haben sie ein eigenes Wort erfunden: das »österreichische Schicksal«, das in Wahrheit gar nichts anderes ist als die Folge maßloser Ichbesessenheit und ebenso maßloser Empfindlichkeit und der Versuch, alle Ursachen erlittenen Mißgeschicks den anderen Menschen aufzubürden. Der Wiener liegt förmlich auf der Lauer nach Kränkung und Zurücksetzung. Diese ewige Bitterkeit und Gekränktheit ist oft gar nichts anderes als eine raffinierte Form der Selbstgefälligkeit – ein Umweg, sich selber das Lob zu spenden, das die anderen niemals ausreichend spenden wollen, ein ewiges Werben um Mitleid und Teilnahme, ein Versuch, wenn schon nicht durch Erfolg, so doch wenigstens durch Mißerfolg Aufmerksamkeit zu erzielen.

Der Wiener ist nicht etwa ein moralisch oder geistig minderwertiger Mensch – im Gegenteil! Er ist gut veranlagt, er hat gute Instinkte – das goldene Wienerherz ist sprichwörtlich geworden, aber auch in seiner Gutmütigkeit ist der Wiener ein Egoist. Wenn er gerade gerührt ist, dann kann er zart und gütig sein, aber wenn er in seinem Egoismus gestört wird, dann kann er überraschend roh werden ... Nicht etwa in Geldsachen – am Geld hängt das Herz des Wieners nicht –, aber wenn seine Ruhe, seine Gewohnheiten, seine Bequemlichkeit beeinträchtigt werden, dann kann er wütend und grausam werden – sogar gegen Kinder. Mit Erstaunen hört man immer wieder in Prozessen, warum die Leute die Kinder mißhandeln: »Weil's alleweil g'schrien hat ...«, oder ein Mann erschlägt seine Frau, »weil s' ihm keine Ruh' gegeben hat.« Das sind Ausnahmefälle, aber doch charakteristisch für das, was den Wiener außer Rand und Band bringen kann.

Besonders mit Kindern ist der Wiener furchtbar ungeduldig. Er ist daher auch ein schlechter Erzieher – immer viel zu nervös und unbeherrscht. Wie wenig gut es die Kinder in Wien haben, sieht man erst, wenn man in Länder kommt, wo man Kinder liebt, wie zum Beispiel in Italien. Der Wiener hat Kinder schon gern, solange sie herzig und lustig sind, aber er hat bald genug von ihnen, wenn sie mühsam werden. Den kindlichen Stolz, erwachsen zu sein, wird er sein Leben lang nicht los, und er muß immer den Kindern seine Überlegenheit fühlen lassen. Jeder Mensch fühlt sich berufen, Kinder anzuschreien oder ihnen irgendwas zu verbieten, auch wenn es gar nicht notwendig ist, nur um zu zeigen, daß er erwachsen ist und es daher darf. Kinder sind in Wien ausgesprochen unbeliebt: Hausherren nehmen, wenn sie es vermeiden können, keine Parteien mit Kindern. Überall wird den Kindern das Spielen verboten, sogar in den öffentlichen Parks haben sie nur begrenzte Plätze zum Spielen. Der Anspruch der Erwachsenen auf Ruhe und Ungestörtheit hat überall den Vorrang. Es ist an sich kein Vergnügen, in der Stadt ein Kind zu sein, aber in Wien schon gar nicht, wo die Erwachsenen das Recht des Stärkeren den Kindern gegenüber rücksichtslos in Anspruch nehmen.

Der Güte des Wieners fehlt die Erziehung – das grundsätzliche Gerüst. Grundsätze mag der Wiener nicht. Er hält sie teils für sinnlose Phrasen, teils für Worte, die zu groß für seine Bescheidenheit sind – auch sind ihm Grundsätze einfach unbequem, und er glaubt nicht an sie: wer richtet sich schon nach Grundsätzen, da macht man sich nur lächerlich, meint er. So läßt er sich eben von seinen Impulsen treiben, ohne jemals ernsthaft zu versuchen, sie zu beherrschen. Das macht nicht allzuviel, da der Wiener keine starken Leidenschaften und keine bösen Instinkte hat; er geht nicht weit fehl, wenn er sich von seiner Natur treiben läßt, aber allen kleinen, häßlichen Versuchungen erliegt er leicht, und so kommt es, daß mit dem Wiener Wesen Nachlässigkeit und Rücksichtslosigkeit unzertrennlich verbunden zu sein scheinen. Die Impulse des Wieners werden nur durch Schüchternheit, Angst und Schwäche eingedämmt, nirgends ist bei ihm der bewußte Wille zu Maß und Form zu spüren. Er ist unbearbeiteter Rohstoff – ein guter Rohstoff. Aber immer hat man das Gefühl: es ist um diesen guten Rohstoff schade – er wird vergeudet.

Einen Vorteil hat diese Unerzogenheit wohl: der Wiener hat den Charme ungebrochener Natürlichkeit und Wahrhaftigkeit wie die Kinder, aber man kann wohl nicht sein Leben lang ein Kind bleiben – oder vielleicht doch? Heißt es nicht: »Wenn ihr nicht werdet wie die Kinder ...«? Soll man also den Wienern mehr Erziehung und eine festere sittliche Form wünschen? Ach Gott, nein! Aber diese Menschen sollen der Kopf eines der größten Reiche Europas sein. Sie sollen dieses Reich beherrschen, gestalten, mit ihrem Geist erfüllen. Das ist am Ende doch eine Aufgabe für Erwachsene, für Männer, für starke Charaktere, die beherrscht sein und nicht nur beherrscht werden können. Hätte das Schicksal den Wiener nicht vor diese große historische Aufgabe gestellt, man würde vielleicht diesen Mangel gar nicht bemerken – man würde vielleicht nur seine reizvolle Seite sehen. Aber diese große Aufgabe macht ihn dem Wiener zum Verhängnis.

Die Wiener sind sich dieses Mangels wohl bewußt, sie wollen sich ihn daher auch operieren lassen wie einen kranken Blinddarm, und daher sagen sie: »Eine starke Hand g'hörert halt her, ein preußischer Feldwebel oder ein Krieg – da möcht' gleich all's anders werden ...« Sie glauben an die blutigen Methoden, weil ihnen die unblutigen zu mühsam sind. Sich selber weh tun? Nein! Wenn es schon weh tun muß, dann soll ihnen lieber ein anderer weh tun.

—— OTTO FRIEDLÄNDER

WIEN? WAS IST DAS: WIEN?

Wer keine Erinnerung mit sich trüge. Wem keine Bilder eingeprägt wären, längst veränderte Bilder in längst veränderte Augen. Wer nicht in der Heiligenstädter Straße sogleich an Sonntagsausflug und Kahlenberg denken müßte, an Zahnradbahn und Schmetterlingsnetz. Was hilft es, daß der Kahlenberg dasteht, als wäre nichts weiter geschehn! Was ist das für eine klägliche Ausrede: sich damit zu trösten, daß es den Kahlenberg gibt! Aber die Zahnradbahn gibt es nicht mehr.

Wien? Was ist das: Wien?

Martin Hoffmann, in der Heiligenstädter Straße, an diesem Sonntag vormittag, wartet auf eine Straßenbahn Richtung Innere Stadt. Er hat um halb zwölf mit den Herren Presser und Köves Rendezvous, im Hotel Bristol, irgendein Filmmensch interessiert sich angeblich für ihren neuen Stoff. Carola schläft noch, sie wird ihn gegen eins abholen. Hoffentlich ist die Besprechung dann schon zu Ende. Und hoffentlich wird etwas draus. Das wäre ihm in zweifacher Hinsicht sehr recht: er kann einen Filmabschluß brauchen, und er kann das Geld brauchen. Es ist besser, mit einem Filmabschluß und mit Geld nach Amerika zu kommen. Wo nur der D-Wagen bleibt. Warum muß man denn immer so lange auf die Straßenbahn warten, wenn man es eilig hat. Und warum muß man sich denn immer diese idiotische Frage vorlegen, wenn man auf die Straßenbahn wartet ... Martin hat eine neue Zigarette angezündet, sein Blick verfängt sich an der Straßentafel nächst dem Wartehäuschen: Barawitzkagasse. Was hat es nun wieder mit der Barawitzkagasse für eine Bewandtnis – richtig: »Zugang Barawitzkagasse«. Das stand auf einer bestimmten Kategorie von Eintrittskarten zur »Hohen Warte«, die Jahre hindurch der größte Fußballplatz Wiens gewesen ist – es bedeutete einen Unterschied von guten zehn Minuten, ob man »Zugang Barawitzkagasse« zu nehmen hatte oder »Zugang Perntergasse«. Damals hat Martin sich inbrünstig gewünscht, in Döbling zu wohnen. Jetzt wohnt er in Döbling und geht zu keinem Fußballmatch. Es freut ihn nicht mehr. Und war doch einst nicht wegzudenken aus seinem Leben.

Wien? Was ist das: Wien?

Der D-Wagen scheint heute überhaupt nicht zu verkehren. Auch aus der Gegenrichtung ist noch keiner gekommen.

Generalstreik! denkt Martin jählings auf, sinnlos, rechenschaftslos, todtraurig im nächsten Augenblick. Generalstreik. Es ist zum Heulen. »Schuschnigg fährt zu Hitler – Generalstreik in Wien«. Das wäre doch eine gute Zeitungsüberschrift. Es ist zum Heulen. Auch das noch. Auch das muß einem jetzt noch einfallen: daß es keinen Generalstreik mehr gibt. Und daß es zuvor einen mißglückten gegeben hat. Und noch weiter zuvor einen nicht stattgefundenen. Den mißglückten damals, im Februar 1934, hat Martin nämlich im zufällig gleichen Zusammenhang gemerkt: weil so lange keine Straßenbahn kam; ein paar Straßen weiter sah er die Wagen dann stehn, und dann sah er sie wieder fahren, und seither gibt es keinen Generalstreik mehr. Auch an den andern, an den nicht stattgefundenen, bewahrt er eine quälend eigene Erinnerung: weil er gerade an jenem 30. Januar 1933, am Tag da die deutsche Sintflut losbrach, in einem sozialdemokratischen Bildungsverein eine längst angesetzte Vorlesung abhielt; und weil nachher, als er mit ein paar Funktionären noch beisammensaß, sehr gewichtig und überzeugt die Worte fielen: »Passen S' auf – morgen machen s' in Berlin einen Generalstreik – und der Herr Hitler ist erledigt!« Der Generalstreik fand nicht statt, die Erledigung fand nicht statt, und Vortragsabende in Arbeiterheimen finden auch nicht mehr statt. – Und dort kommt schon der D-Wagen.

Wien? Was ist das: Wien?

Martin steigt ein, bleibt auf der Plattform, löst stumm den Fahrschein beim stumm herzutretenden

Schaffner. Der kehrt sich sogleich wieder ab, blickt schweigend durch die trüb angelaufenen Glasscheiben, auf die Strecke, die er unzählige Male schon durchfahren hat, die er auswendig kennt bis zum Überdruß, auf die reizlose, scheußliche Strecke – die Nußdorferstraße ist das, jawohl Nußdorf – da fahr 'mer halt nach Nußdorf 'naus, dort gibt's a Hetz, a G'stanz – öde Häuserzeilen gibt es und Viadukte und die Rangiergeleise der Franzjosefsbahn, so sieht das in Wirklichkeit aus, so und nicht anders.

Wien? Was ist das: Wien?

Noch immer starrt der Schaffner durch die Glasscheiben. Vielleicht, denkt Martin, ist ihm genauso zumut wie mir, vielleicht ist er traurig und niedergeschlagen, oder wütend und flucht in sich hinein: weil man uns also gestern in Berchtesgaden endgültig verkauft hat, ihn genauso wie mich. Ich möchte ganz gerne mit ihm sprechen. Und bei dieser Gelegenheit könnte sich dann vielleicht herausstellen, daß er ein Nazi ist. Warum denn nicht? Warum sollen nicht auch die Leute im Wagen drinnen lauter Nazi sein? Weil man es ihnen nicht anmerkt? Sie lassen sich ja, obwohl das ganz leicht wäre, auch das Gegenteil nicht anmerken. Schweigend und mürrisch sitzen sie da, keiner schimpft, keiner liest die Zeitung und sagt dann etwas dazu – na ja, wozu sollten sie auch Zeitungen lesen. Es steht ja sowieso nichts drin. Man muß ja, wenn man erfahren will was hier bei uns vorgeht, sowieso auf die ausländischen Blätter warten. In den ausländischen Blättern darf man es lesen, in den inländischen nicht. Allerdings: wer liest schon ausländische Zeitungen? Höchstens ein paar Kaffeehausjuden, und das schadet nichts.

Wien? Was ist das: Wien?

Wien an der Donau, die Hauptstadt von − ja Schmarr'n, und schon hier beginnt der Schwindel. Wien liegt am Donaukanal und nicht an der Donau. Die übrigens gar nicht schön und gar nicht blau ist. Wieder ein Schwindel. Und so geht der Schwindel weiter, immer weiter. Hauptstadt! Was für eine Hauptstadt? Vielleicht früher einmal − aber jetzt? Es ist einfach lächerlich. Hauptstadt von was? Hauptstadt von Österreich? Was hat dieses Österreich noch mit Wien zu tun und dieses Wien noch mit Österreich? Man müßte Wien zur freien Stadt erklären, und die Mostschädel, die kropferten, sollen sich anschließen an wen sie wollen. Das ist vielleicht die Lösung! würde der Professor Bachrach sagen, den hab ich schon lang nicht gesehn, ich muß ihn wieder einmal besuchen. Hauptstadt von Österreich? Republik Österreich, bitte? Nein, Bundesstaat Österreich. Was ist das für ein Unterschied, bitte? Das weiß leider kein

Mensch. »Republik« ist eben eine anstößige Bezeichnung, man denkt dabei unwillkürlich an Demokratie, weg damit und her damit, denn zum Beispiel heißt das »Neue Wiener Tagblatt« im Untertitel noch immer »Demokratisches Organ«, und überhaupt verkörpert der autoritäre Ständestaat die wahre Demokratie. Natürlich. Wer denn sonst. Das haben noch alle von sich behauptet. Wenn sie lang genug drauf geschimpft haben, geben sie eines Tages bekannt, daß sie und niemand andrer die wahre Demokratie sind. Autoritär, korporativ, total, diktatorisch – man kennt sich vor lauter wahrer Demokratie gar nicht mehr aus, jede ist die einzig wahre, und wir haben sie aber wirklich. Wir haben ja auch die österreichische Sendung, den österreichischen Gedanken, das österreichische Wesen, alles mögliche haben wir österreichisch – nur, leider, kaprizieren wir uns gleichzeitig darauf, der »zweite deutsche Staat« zu sein. Und das ist immer und überall eine bedenkliche Sache: zweiter sein. Im Volksmund, im österreichischen Volksmund (nicht etwa im Nationalmund) heißt »zweiter sein« soviel wie »verlieren«. Daß wir bis jetzt noch nicht verloren haben, verdanken wir lediglich der unlösbaren, naturbedingten Freundschaft eines mächtigen Volkes, des italienischen. Welches in Wahrheit so ziemlich das einzige Volk ist, für das wir keine Freundschaft empfinden, das wir sogar mit einem verächtlichen Spitznamen zu benennen lieben: die Katzelmacher. Und mit verächtlichem Spitznamen benennen wir sonst nur noch unsre gleichfalls unlösbaren und naturbedingten deutschen Brüder: die Piefkes. Wir haben die Wahl zwischen Katzelmachern und Piefkes, unlösbar mit Italien verbunden und zweiter deutscher Staat, sei gesegnet ohne Ende – so heißt das doch, so geht doch die neue österreichische Hymne, ein falscher Text auf eine echte Melodie, der ganze Text ist falsch, alles ist falsch, Schwindel, nichts als Schwindel ...

—— FRIEDRICH TORBERG (1938)

DIE BÜHNE DER WIENER

Im Burgtheater gespielt zu werden, war der höchste Traum jedes Wiener Schriftstellers, weil es eine Art lebenslangen Adels bedeutete und eine Reihe von Ehrungen in sich schloß wie Freikarten auf Lebenszeit, Einladung zu allen offiziellen Veranstaltungen; man war eben Gast in einem kaiserlichen Hause geworden, und ich erinnere mich noch an die feierliche Art, mit der meine eigene Einbeziehung geschah. Am Vormittag hatte mich der Direktor des Burgtheaters zu sich ins Büro gebeten, um mir – nach zuvorigem Glückwunsch – mitzuteilen, daß mein Drama vom Burgtheater akzeptiert worden sei; als ich abends nach Hause kam, fand ich seine Visitenkarte in meiner Wohnung. Er hatte mir, dem Sechsundzwanzigjährigen, einen formellen Gegenbesuch gemacht, ich war als Autor der kaiserlichen Bühne schon durch die bloße Annahme ein *gentleman* geworden, den ein Direktor des kaiserlichen Instituts *au pair* zu behandeln hatte. Und was im Theater geschah, betraf indirekt jeden einzelnen, sogar den, der damit gar keinen direkten Zusammenhang hatte.

Ich erinnere mich zum Beispiel aus meiner frühesten Jugend, daß unsere Köchin eines Tages mit Tränen in den Augen in das Zimmer stürzte: eben habe man ihr erzählt, Charlotte Wolter – die berühmteste Schauspielerin des Burgtheaters – sei gestorben. Das Groteske dieser wilden Trauer bestand selbstverständlich darin, daß diese alte, halb analphabetische Köchin nicht ein einziges Mal selbst im vornehmen Burgtheater gewesen war und die Wolter nie auf der Bühne oder im Leben gesehen hatte; aber eine große nationale Schauspielerin gehörte in Wien so sehr zum Kollektivbesitz der ganzen Stadt, daß selbst der Unbeteiligte ihren Tod als Katastrophe empfand. Jeder Verlust, das Weggehen eines beliebten Sängers oder Künstlers, verwandelte sich unaufhaltsam in Nationaltrauer. Als das »alte« Burgtheater, in dem Mozarts »Hochzeit des Figaro« zum erstenmal erklungen, demoliert wurde, war die ganze Wiener Gesellschaft wie bei einem Begräbnis feierlich und ergriffen in den Räumen versammelt; kaum war der Vorhang gefallen, stürzte jeder auf die Bühne, um wenigstens einen Splitter von den Brettern, auf denen ihre geliebten Künstler gewirkt, als Reliquie nach Hause zu bringen, und in Dutzenden von Bürgerhäusern sah man noch nach Jahrzehnten diese unscheinbaren Holzsplitter in kostbarer Kassette bewahrt wie in den Kirchen die Splitter des heiligen Kreuzes.

Wir selbst handelten nicht viel vernünftiger, als der

sogenannte Bösendorfer Saal niedergerissen wurde. An sich war dieser kleine Konzertsaal, der ausschließlich der Kammermusik vorbehalten war, ein ganz unbedeutendes, unkünstlerisches Bauwerk, die frühere Reitschule des Fürsten Liechtenstein, und nur durch eine Holzverschalung völlig prunklos zu musikalischen Zwecken adaptiert. Aber er hatte die Resonanz einer alten Violine, er war den Liebhabern der Musik geheiligte Stätte, weil Chopin und Brahms, Liszt und Rubinstein darin konzertiert, weil viele der berühmten Quartette hier zum ersten Male erklungen. Und nun sollte er einem neuen Zweckbau weichen; es war unfaßbar für uns, die hier unvergeßliche Stunden erlebt. Als die letzten Takte Beethovens verklangen, vom Roséquartett herrlicher als jemals gespielt, verließ keiner seinen Platz. Wir lärmten und applaudierten, einige Frauen schluchzten vor Erregung, niemand wollte es wahrhaben, daß es ein Abschied war. Man verlöschte im Saal die Lichter, um uns zu verjagen. Keiner von den vier- oder fünfhundert der Fanatiker wich von seinem Platz. Eine halbe Stunde, eine Stunde blieben wir, als ob wir es erzwingen könnten durch unsere Gegenwart, daß der alte geheiligte Raum gerettet würde. Und wie haben wir als Studenten mit Petitionen, mit Demonstrationen, mit Aufsätzen darum gekämpft, daß Beethovens Sterbehaus nicht demoliert würde! Jedes dieser historischen Häuser in Wien war ein Stück Seele, das man uns aus dem Leibe riß.

Dieser Fanatismus für die Kunst und insbesondere für die theatralische Kunst ging in Wien durch alle Stände. An sich war Wien durch seine hundertjährige Tradition eigentlich eine deutlich geschichtete und zugleich – wie ich einmal schrieb – wunderbar orchestrierte Stadt. Das Pult gehörte noch immer dem Kaiserhaus. Die kaiserliche Burg war das Zentrum nicht nur im räumlichen Sinn, sondern auch im kulturellen der Übernationalität der Monarchie. Um diese Burg bildeten die Palais des österreichischen, polnischen, tschechischen, ungarischen Hochadels gewissermaßen den zweiten Wall. Dann kam die »gute Gesellschaft«, bestehend aus dem kleineren Adel, der hohen Beamtenschaft, der Industrie und den »alten Familien«, darunter dann das Kleinbürgertum und das Proletariat. Alle diese Schichten lebten jede in ihrem eigenen Kreise und sogar in eigenen Bezirken, der Hochadel in seinen Palästen im Kern der Stadt, die Diplomatie im dritten Bezirk, die Industrie und die Kaufmannschaft in der Nähe der Ringstraße, das Kleinbürgertum in den inneren Bezirken, dem zweiten bis neunten, das Proletariat in dem äußeren Kreis; alles aber kommunizierte im Theater und bei den großen Festlichkeiten wie etwa bei dem Blumenkorso im Prater, wo dreimalhunderttausend Menschen die »oberen Zehntausend« begeistert in ihren wunderbar geschmückten Wagen akklamierten. In Wien wurde alles zum festlichen Anlaß, was Farbe oder Musik entäußerte, die religiösen Umzüge wie das Fronleichnamsfest, die Militärparaden, die »Burgmusik«; selbst die Begräbnisse fanden begeisterten Zulauf, und es war der Ehrgeiz jedes rechten Wieners, eine »schöne Leich« mit prunkvollem Aufzug und vielen Begleitern zu haben; sogar seinen Tod verwandelte ein richtiger Wiener noch in eine Schaufreude für die anderen.

In dieser Empfänglichkeit für alles Farbige, Klingende, Festliche, in dieser Lust am Schauspielhaften als Spiel- und Spiegelform des Lebens, gleichgültig ob auf der Bühne oder im realen Raum, war die ganze Stadt einig. Ein Wiener ohne Kunstsinn und Formfreude war undenkbar in der sogenannten »guten« Gesellschaft, aber selbst in den unteren Ständen nahm der Ärmste einen gewissen Instinkt für Schönheit schon aus der Landschaft, aus der menschlich heiteren Sphäre in sein Leben mit; man war kein wirklicher Wiener ohne diese Liebe zur Kultur, ohne diesen gleichzeitig genießenden und prüfenden Sinn für diese heiligste Überflüssigkeit des Lebens.

—— STEFAN ZWEIG

WIEN OHNE WIENER

Wie schön wäre Wien ohne Wiener,
so schön wie e schlafende Frau.
Der Stadtpark wär sicher viel grüner
und die Donau wär endlich so blau.
Wie schön wäre Wien ohne Wiener,
ein Gewinn für den Fremdenverkehr.
Die Autos ständen stumm,
des Riesenrad fallet um,
und die lauschigen Gasserln wären leer.
In Grinzing endlich Ruh
und 's Burgtheater zu.

Es wäre herrlich, wie schön Wien dann wär.
Keine Baustellen, keine Schrammeln
und im Fernsehen kein Programm.
Nur die Vogerln und die Pferderln
und die Hunderln und die Bam.
Und wer durch dies Paradies muß,
findet später als Legat
statt des Antisemitismus
nur ein Antiquariat.

Weder Krankheit noch Genesung,
weder Fürst noch Parlament,
wär für Wien nicht diese Lösung
das perfekte Happyend?

Und der Wein wächst ungetrunken,
und die Geigen werdn geschont.
Und der Mond wirft seine Funken
tief im Prater auf die Unken,
und die Unken schauen versunken
in den Mond.

—— GEORG KREISLER

WIENER
KULINARIK

DIE SPEISEKARTE

Es gibt Momente im Leben, in denen sich aus anscheinend ganz nichtigen Ursachen dumpfe Verzweiflung und rasender Überdruß des Menschen, der zu lebenslänglichem Im-Restaurant-Essen verurteilt ist, bemächtigt. Dazu gehört der Augenblick, in dem das trostlose Auge über die Speisekarte irrt, während der Kellner mit je nach seiner Qualität diskreten oder schamlosen Zeichen der Ungeduld die Auswahl erwartet. Man kennt ja den Inhalt schon. Aber trotzdem liest man geduldig die Reihe hinunter, fängt beim Roastbeef an, gleitet verdrossenen Blickes über Hasenrücken, Huhn, Rehschlegel, Gansbiegel, Esterhazyrostbraten, Rindsfilets, Boeuf braisé, Nierenbraten und Schöpsenrücken, bis man wieder einmal glücklich unten beim Schweinskarree angelangt ist. Das bestimmte Gefühl, daß sich schon alle diese Speisen im Magen befinden, bildet sich schon während der Lektüre. Der Appetit, der den zum Gasthaus eilenden Fuß beflügelt, verschwindet wie blauer Heiderauch, und nach einem langen, klagenden Blick zur Decke des Stammlokals bestellt man irgendein Gericht, das einem so gleichgültig ist wie das Zahnweh eines Unbekannten.

Immerhin gibt es begnadete Tage, an denen man

bei der Lektüre eine der kleinen Freuden des Lebens empfindet. Trotz der gleichartigen Schrift hebt sich aus den Buchstabenreihen leuchtend wie in Goldlettern der Name einer Lieblingsspeise, die man lange entbehren musste. Ach, rasch ist die Wahl getroffen in kindlichem Vertrauen auf die Güte des Geschickes. Nur der Vielerfahrene lächelt schmerzlich beim Bestellen. Weiß er doch mit tödlicher Sicherheit, daß nach wenigen Minuten der Kellner in einer Art von schleppendem Trauergang wieder erscheinen wird, mit dem Bleistiftstumpf bewaffnet, und schweigend den geliebten Namen aus der Reihe des Erhältlichen streicht. Resigniert bestellt man etwas anderes, weniger Geliebtes, aber doch Zusagendes. Diesmal erscheint der Kellner, der ein Menschenkenner ist, nicht mehr selbst, sondern schickt einen Kollegen mit der Donnerkunde, daß auch diese Speise von lüsternen Frühgekommenen längst aufgefressen wurde, in der Erwartung, daß auf das Haupt dieses unschuldigen Gesandten schon aus Gerechtigkeitsgefühl kein Fluch falle. Wozu der ganze Lärm? Die Sache endigt wie immer mit Roastbeef oder Schweinskarree, die zum eisernen Vorrat der Gasthäuser gehören.

Die Wiener Speisekarten haben viel Gemeinsames. Abgesehen davon, daß an Sonntagen Leberknödel und ausgezogener Apfelstrudel den Weihetag verherrlichen, gibt es gewisse Sachen darin, die eigentlich niemand isst, die also eine Art von zeremoniellem Inventar sein müssen. Dazu gehören zum Beispiel »Engländer«, »Anisscharten« und »Wiener Tascherl«, die jedenfalls heimlich verzehrt werden müssen, denn langjährige Gasthausesser können sich nicht entsinnen, diese Bäckereien konsumieren gesehen zu haben. Jedenfalls ist es ein besonderer Glücksfall, der Verspeisung dieser das Bleibende im Wechsel bildenden Mehlspeisen beizuwohnen.

Das fortgesetzte Gefühl der Enttäuschung, die immer wiederkehrt, macht boshaft und erzeugt die Schadenfreude, die sich besonders dann in stillem Wohlbehagen kundgibt, wenn man etwa die letzte Portion Zwetschkenknödel durch besondere Protektion erhalten hat und nun befriedigt mitansehen darf, wie ein Unglücklicher am Nebentisch in heißem Verlangen dieses derbe Dessert bestellt, um dann den ganzen Warte-, Streichungs- und Enttäuschungsprozeß durchzumachen. An solchen Tagen ist man gut gelaunt und hört gern den hilflosen Fragen der Fremden zu, die in die Geheimnisse der Wiener Küche eindringen möchten.

»Ach Herr Ober, bitte! Sagen Sie mal, was is'n das: Jungfernbraten?«

»Das ist ein Schweinslungenbraten.«

»Nee! Und Risi-Bisi?«

»Reis mit Erbsen.«

»Gott, bringen Sie n' Roastbeef! – Und Palatschinken, was is'n das?«

»Das – das is so aus Teig – gerollt is das – mit Hetschepetschfüll'[8].«

»Wie?«

»Hetschepetschfüll'.«

»Gütiger Himmel! – Na, bringen Sie Schokoladentorte.«

Der Kellner geht ab, und der Fremde ergeht sich in ungerechten Vorwürfen gegen unsre Eigenart, die ihn hindert, unsre Nationalgerichte kennen zu lernen. Ein süßes Gefühl gelungener Revanche überkommt den, der in deutschen Gauen sich den Kopf zerbrach, was wohl »Schillerlocken«, »Natronbebe« und »Leichenfinger« (hübscher Name!) sein mögen, bis er herausbrachte, daß es sich um Schaumrollen, Gesundheitskuchen und einen länglichen Käse handle. Für den schlichten Mann, der sich in seinem Leben einmal eine Güte antun will und ein vornehmes Restaurant betritt, hören schon bei den Aufschriften: Potages, Légumes und Poissons die Begriffe auf. Hors-d'œuvres, Welsch rabbit, Vol au vent und Flan de peches verwirren gänzlich seinen Sinn und hindern ihn, alle zwecklose Eitelkeit abzulegen und den Kellner einfach zu fragen: »Was heißt das?« Schließlich beherrscht auch der vornehme Esser nicht gänzlich das kulinarische Lexikon, und vorderhand gehört es noch nicht unbedingt zur Bildung, die Erfindungen der Köche zu kennen. Auch die Namen vornehmer Gourmets, die zu Ehren des erlauchten Geschmacks ihrer Träger den Speisen beigefügt werden, verraten dem Unkundigen nicht die Art der Zubereitung; daß der Herzog von Westmoreland eine pikante Gurkensauce verliehen bekam und das Geschlecht der Hunyadys einen süßen Tortenschaum, ist allerdings eine erfreuliche Tatsache, muss aber nicht unbedingt jedem bekannt sein.

Damit soll keineswegs der radikalen Germanisierung der Speisekarte das Wort geredet werden. Es ist besser, Mayonnaise zu sagen als »Eieröltunke«; dem Empfindsamen benimmt dieses Wort den letzten Rest von Appetit. Und ein Wiener Kellner, der statt Chaudeau mit eiserner Konsequenz »Schattoh« sagt, ist mir lieber als einer, der »Weineiersüß« flötet; von »Quetschleberklößchen«, »Falschem Hasen« und »Hühnerröllchen« ganz zu schweigen. Dabei gibt es eine Art, diese Namen derart unappetitlich auszusprechen, daß man sich nach einer Stimme sehnt, die »Bachenes Kälbernes«, »Gullaschsoß« und »Millirahmstrudl« sagt, jene Stimme aus der Phäakenheimat, die im Ausland mahnend und heimwärtslockend ans innere Ohr klingt.

Schon aus solchen Gründen hat man eine internationale Sprache für die Speisekarte gewählt, und es gibt heute französische und englische Speisenamen genug, die vollständig ins Deutsche übernommen wurden und deren Übersetzung einfach unverständlich ist. Die Sprachreiniger sollten sich gelegentlich daran erinnern, daß die Aufnahme fremdsprachlicher Worte nichts andres ist als ein Kulturzeichen. Der biedere Mann, der im Pariser Restaurant sagt: »I möchte' mir so gern a Bouillon bestellen wann i wüßt', wie das auf Französisch heißt«, wird »Kraftbrühe« nicht verstehen.

Im übrigen erfordert die Speisekarte, um richtig interpretiert zu werden, ebensoviel Studium und Erfahrung wie andre Dinge; der Junggeselle, der jahraus, jahrein im Restaurant speist, kennt allerlei Möglichkeiten, um aus der scheinbar sich ewig wiederholenden Speisenfolge die verschiedenartigsten Kombinationen zu treffen. Auch ein gewöhnliches Mittagessen erfordert liebevolle Zusammenstellung und bewußte Abwechslung. Nur die Schar derer, die resigniert haben, überlassen es lieblosen Kellnern ihnen irgendetwas zu bringen, das sie dann knurrend verzehren. Die Versuche der Speisenträger, Fasanen, die es mit dem Gegessenwerden schon eilig haben, oder Fische, die aus dem Halse riechen, durch heuchlerische Lobpreisungen anzubringen, weise man mit schönem Gleichmut zurück und halte sich lieber an schlichte Nahrungsmittel, die in Massen konsumiert werden und daher große Garantie für Frische bieten.

Aufregung während des Essens ist überhaupt unzuträglich. Wenn einem ein winziges spitzes Endchen eines Hasenrückens Ende Oktober mit der Versicherung vorgesetzt wird, daß jetzt die Hasen noch klein seien, oder von Scampi, die lautlos ihr Nahen bereits auf zwanzig Schritte anmelden, behauptet wird, daß sie vor einer Stunde ankamen, genügt vollkommen ein kurzer verweisender Blick, den kein Kellner von Ehre ertragen kann, ohne freiwillig zum Geständnis zu schreiten, daß von Hasen leider nichts andres mehr da war und die Meerkrebse »die letzten« sind. Es gibt zwar eine Sorte von Gästen, bei denen gelinder Ärger offenbar zur guten Verdauung nötig ist und die jede Gelegenheit ergreifen, um die Speise zu beschimpfen, die man sie gleich darauf mit größtem Appetit verzehren sieht. Man kennt aber in ihrem Lokal diese Eigenschaft, und ihre Verwünschungen klingen an taube Ohren.

Aber alle Leser der Speisekarte sind Dilettanten gegen einen Mann, der manchmal in einem guten alten Gasthaus der Innern Stadt erscheint. Schon sein körperlicher Umfang deutet auf ungewöhnliche Fähigkeiten. Ihm ist das Lesen der Karte kein tändelndes Spiel, sondern eine bitter ernste Sache, eine Art von religiöser Handlung. Er versinkt in tiefes Brüten; unempfindlich für die Dinge der Außenwelt, sitzt er mit umwölkter Stirn und in seinem heftig arbeitenden Gehirn wird ein strategischer Plan nach dem andern geprüft und verworfen und wieder geprüft, bis endlich ein sonniges Lächeln seine Züge erhellt und die Bestellung erfolgt. Sein Essen lässt sich nur mit der Tätigkeit einer Mühle vergleichen, so regelmäßig mahlend arbeiten die Kinnbacken, nur hie und da durch einen kleinen Schluck aus dem Weinglase geölt. Eines seiner Menüs, das der Kuriosität halber aufgezeichnet wurde, bestand aus folgenden Speisen, wobei zu bemerken ist, daß dieselben vollkommen verspeist, nicht etwa nur teilweise verzehrt wurden:

Gansleberpastete (etwa 1/4 Kilogramm).

Lungenstrudelsuppe.

Nierenbraten mit Kohl.

Griesschmarrn mit Pflaumen.

Schweinsrücken mit Krautsalat.

Filet à la Wellington.

Krautfleckerln.

Himbeerauflauf.

Roquefort.

Pfirsiche.

Es war deutlich zu sehen, daß in Gegenwart dieses Parade-Essers das Selbstgefühl der gewöhnlichen Mittagsgäste, die Suppe, Rindfleisch und Mehlspeise verzehren, bedeutende Einbuße erlitt, und viele, die sonst anspruchsvoll und stolz ihr Essen bestellten, nur im Flüsterton, in ihres Nichts durchbohrendem Gefühle dem Speisenträger ihre lächerlich bescheidenen Aufträge erteilten. Der Sieg der Quantität war zu offenkundig, um sich dagegen irgendwie aufzulehnen. Sie schlichen beschämt von dannen, während der Gigant mit bestem Appetit große Stücke eines goldkrustigen Schweinsrückens mit hochaufgehäuften Gabelladungen blaßgrünen Krautsalats in den geräumigen Mund schob, nicht stärker atmend als ein kleines Lokomobil.

Wie anders wirkt der Arme, der, mit etwas Silber, Nickel und Kupfer bewehrt, sich an einen der weißgedeckten Tische setzt und trübselig nicht die Namen der Speisen, sondern die danebenstehenden Ziffern betrachtet. Er zögert mit der Bestellung, denn er muss erst mit seiner Kopfrechnung fertig werden, in der nichts vergessen werden darf, soll das Mahl nicht mit einer peinlichen Szene endigen, die seine Armut an den Tag bringt. Ihm verwandt ist der brave Familienvater, der eines Wohnungswechsels halber mit seiner

Frau und fünf Sprößlingen, von denen jeder mit zwei gesunden Zahnreihen und einem hungrigen Magen gesegnet ist, im Restaurant zu essen genötigt ist. Auch er muss jene sorgenvolle Rechnung im Kopfe durchmachen, um in den schweren Tagen der Übersiedelung nicht in die ärgste Bedrängnis zu kommen. Nein, es ist kein Spaß, sieben Menschen zu ernähren, und die beiden hyperelegant gekleideten Jünglinge, die mit einem großen Chanteclerhut[9] Champagner trinken und gleichmütig in der eisgekühlten Kaviarbüchse nach den köstlichen grauen Perlen graben, dürfen sich nicht wundern, wenn sie und ihr Luxustierchen mißbilligende und moralisch entrüstete Blicke treffen. Der gute Pater familias vergißt nur eines: daß solche Herrlichkeit meist nicht lange dauert und über ein Weilchen mit den kargen Menüs im Gasthaus »Zum Blechernen Löffel« endigt, wenn nicht gar mit tränengesalzener Bohnensuppe in jenem grauen Hause, das im Volksmunde so treffend »Erbsien« genannt wird. Alles Ende ist traurig.

Ja, man muss sich mit der Speisekarte, diesen täglich zweimal erscheinenden Küchennachrichten, befreunden, so gut es geht, oder sich freiwillig zu den Fleischtöpfen und sonstigen Vorteilen eines Ehelebens begeben, wobei freilich, wie jener preußische Leutnant sagte, »die janze Individualität in die Binsen jeht«, oder man führt mit der ganzen Naivität des Mannes eigene Küche und wird ein Sklave und Ausbeutungsobjekt gemütloser Wirtschafterinnen. Dem Freiheitsliebenden aber bleibt nichts übrig, als zwischen Scylla und Charybdis[10] den Pfad beizubehalten und täglich mutig den Gang im Labyrinth der Braten, Gemüse und Mehlspeisen anzutreten. Besser ein verdorbener Magen, als ein höchst gefährliches Lotteriespiel, bei dem stets der andre den Haupttreffer macht.

—— PAUL BUSSON

ÖSTERREICHISCHE SCHMANKERLN

Als die österreichisch-ungarische Monarchie im Jahr 1918 auseinanderfiel, hielt man dies für eine Art politische Scheidung von Tisch und Bett – jeder wohnte künftig für sich. Mit der Scheidung vom Bett klappte es. Nicht aber mit der Scheidung der Eßtische. Auf Wiener Speisekarten kann man noch heute lesen, daß in dieser Stadt jahrhundertelang das Einzugsgebiet der Donaumonarchie gewesen ist. Revolutionen können leichter Verfassungen ändern, als Kochtöpfe zerschlagen. In Wiener Kochtöpfen ist immer noch ein Stück Ungarn daheim, ein wenig Böhmen und auch Polen und Kroatien.

In einem renommierten Wiener Feinschmeckerlokal, dem Kerzenstüberl, gibt es ein Paradegericht, das sich Donauschild »Haus Habsburg« nennt. Die Zutaten dieses delikaten Gerichts sollen, daher der Name, die vormals habsburgischen Hauslande symbolisieren. Bei der Garnierung des Donaufisches vertreten gleichsam die Schinkenscheiben die Schweine Ungarns, die Krebse stehen für die Alpenbäche, die Spargel für die Fluren Böhmens, und das Ganze ist so köstlich garniert, wie es das Haus Habsburg selbst niemals gewesen ist. Hier wird die Gastronomie zur

Heraldik; aber es gibt lebendigere Bezüge auf Wiener Speisekarten.

Selbst das kleinste Wiener Vorstadtwirtshaus – in Wien sagt man das Beisl – wird auch bei sehr bescheidenen Kochkünsten immer ein schmackhaftes Gulasch bereit haben. Das ungarische Nationalgericht ist so sehr eingebürgert, daß niemand mehr an seine Herkunft denkt. Wer die Qualität schon von der Rechtschreibung des Wirts ablesen wird, wird vielleicht merken, daß zwischen einem »Guijasch« und einem schlichten Wiener »Golasch« ein himmelweiter Unterschied klafft. Doch gibt es in Wien auch noch die *Paprikahühner*, gibt es das *Kalbsbirkelt* oder den *Szegediner Braten*, der mit Paprikakraut zubereitet wird.

Nicht ganz so unangefochten ist die böhmische Domäne in der Wiener Küche. Die heute tschechischen Gebiete waren einmal die Kornkammern der Monarchie mit mehlhaltigen Süßigkeiten, die böhmische Mehlspeis. Die *Topfenkolatschen* finden Sie noch heute in jeder Bäckerei, die böhmischen *Buchteln*, nahe Verwandte der deutschen Dampfnudeln, in jedem Haushalt. Die mit Mohn und Butter zubereiteten *Skuwanken* sind schon ein wenig seltener, und die mit Pflaumenmarmelade gefüllten *Bowideltascherln* stellen an die Geschicklichkeit der Köchin einige Ansprüche. *Gerbknödel* und *Topjenknödel* und sind nicht minder attraktiv, aber alle diese böhmischen Kostbarkeiten sind dennoch in die Defensive gedrängt, erstens weil sie sehr viel Mehl, Fett und Zucker enthalten, also eine ständige Bedrohung der schlanken Linie darstellen, zweitens aber weil ihre Herstellung Mühe macht und im Zeitalter des Personalmangels die Gasthausküche oft vor Anforderungen stellen, denen man heute nicht mehr ganz gewachsen ist.

Der Einfluß der kroatischen Küche aber hat sich in Wien seltsamerweise erst richtig bemerkbar gemacht, als die Donaumonarchie längst zerfallen war. In den dreißiger Jahren begann der Siegeszug der *Ražnjići* und *Ćevapčići*, des *Schindlbratens* und all der anderen Rostspezialitäten. Ihre Stunde war gekommen, als man kalorienarm zu essen und die böhmische Mehlspeis scheel anzusehen begann.

Zum habsburgischen Besitz haben zur Zeit der größten Expansion auch die oberitalienischen Provinzen gezählt, dennoch sind die Spaghetti und Lasagni in Wien eine exotische Spezialität geblieben, doch ist die italienische Schule, was die wenigsten Wiener wissen, in einem ihrer Leibgerichte nachweisbar, das alle Welt für urösterreichisch hält, dem *Wiener Schnitzel*. Als Radetzky seine oberitalienischen Feldzüge führte, meldete er nach Wien: »In Mailand pflege man Kalbsschnitzel höchst appetitlich zu panieren.« Italien ging verloren, aber das Schnitzel wurde den Wienern geschenkt, eine Abart der »costoletta milanese«. Allerdings hatten die Italiener selbst diese Art der Fleischzubereitung den Spaniern abgeguckt; auf der Iberischen Halbinsel aber war das panierte Schnitzel zur Zeit der maurischen Herrschaft eingeführt worden; die Araber wieder hatten diese Kochkünste in Byzanz erlernt, so daß das vielgerühmte Wiener Schnitzel im Grunde ein byzantinisches Schnitzel ist.

In Wien gibt es also noch so etwas wie Weltgeschichte auf der Speisekarte. »In deinem Lager ist Österreich!« rief Grillparzer, aber er meinte mit diesem Wort den Feldmarschall Radetzky und nicht die Köche Wiens, die auf eine solche Devise viel eher Anspruch erheben dürften.

—— OTTO F. BEER

KAFFEEHAUS

Gast- und Kaffeehäuser sind heiß und rauchig. Bei Türen und Fenstern zieht es herein, trotz aller Decken und Vorhänge. Das Gas gluckst und braust in den Auerbrennern. Es gibt riesige Spiegel mit goldenen Rahmen und sogar echte Ölgemälde zur Dekoration der Wände, aber die Sessel sind hart und unbequem. Die paar guten Plätze, wo es hell ist und nicht zieht, gehören den Stammgästen, und auch die wenigen guten gepolsterten, mit rotem Plüsch überzogenen Sessel. Von selber setzt sich der Zufallsgast nicht auf diese sichtlich privilegierten Plätze. Jeder Mensch kann in jedes Kaffeehaus gehen – ausgenommen natürlich die Damen. Damen allein werden nicht bedient, wenn sie aber bedient werden, ist das kein gutes Zeichen – dann sind sie offiziell geduldet, um dort Herrenbekanntschaften zu machen, und werden dabei generös von den Kellnern gefördert, die ihrerseits wieder von den Damen generös bedacht werden. Aber wirkliche Damen gehen nur nach einer Soirée oder nach dem Ball mit ihren Herren ins Kaffeehaus und kommen sich dabei so verrucht vor wie ein Mann, der in einen Harem geführt wird. Sie schlagen die Füße übereinander, legen den Kopf zurück und rauchen Zigaretten.

Das Kaffeehaus ist das Laster des Wieners. Es gibt in Wien wenige Alkoholiker und noch weniger Morphinisten, aber viele tausend Kaffeehaussüchtige. Im Kaffeehaus verfliegt die Zeit. Man spielt dort Karten und Billard, man liest Zeitung, man raucht eine Zigarre, man plauscht, man schreibt Briefe, man trifft sich da mit den Leuten, die so interessant sind, daß man sie nach Hause nie einladen könnte. Wenn man in Wien einen Bekannten geringschätzig beschreiben will, so sagt man: eine Kaffeehausbekanntschaft. In das Kaffeehaus flüchtet man vor der Familie, vor den Frauen, nach den Frauen ...

Das Kaffeehaus ist der Klub des Wieners – ein idealer Klub ohne Statuten, ohne Affären, ohne Ehrengericht. Jeder kann von der Straße hereinkommen. Dem Schicksal steht die Tür des Kaffeehauses offen – es kann jeden Augenblick daherkommen: Der Mann, der die Wendung ins Leben bringt – die gute oder die böse –, der Verführer, der Wohltäter, der Mann mit dem großen Geschäft, das einen heraushebt; denn Geschäfte werden in Wien im Kaffeehaus gemacht wie in Italien oder im Orient. Wenn die Gattin ihrem Mann vorwirft, daß er seine ganze Zeit im Kaffeehaus vertrödelt, dann sagt er seufzend: »Ich arbeit' im Kaffeehaus mehr als ein anderer in seinem Geschäft.« Das muß nicht, aber es kann wahr sein.

Wenn man in ein Geschäft kommt und dort nach dem Chef fragt, dann sagt der Kommis: »Finden den Herrn Chef jetzt zuverlässig im Café Rebhuhn.« Und die Herren aus Berlin wundern sich und sagen: »Sonderbare Kunden sind diese Wiena, sitzen während der besten Geschäftsstunden im Kaffeehaus bei 'ner Kartenpartie ...« Ja, es ist nicht zu leugnen: das Kaffeehaus ist das Laster des Wieners ... Es ist ein Rausch ohne Gift ...

Träumerischer Müßiggang löst das Geschäft unmerklich ab ... Man kann allein sein, ohne sich allein zu fühlen – das ist dem Wiener die liebste Form der Geselligkeit. Man kann reden, wenn man Lust dazu hat, man kann aber ebenso die Zeitung vor die Augen halten, wenn das Gespräch einen langweilt, und niemand ist da beleidigt. Das ist jene Formlosigkeit, die der Wiener zu seinem Behagen braucht. Und es ist ruhig im Kaffeehaus – man hört nichts als das freundliche Geklapper der Billardkugeln und der Dominosteine, das Klirren der Kaffeetassen, das Aufschlagen der Tarockkarten und nur gelegentlich ein paar erregte, laute Worte, die einem gelungenen oder mißlungenen Pagat ultimo nachgerufen werden. Gespräche werden nur in gedämpftem Ton geführt. Und es gibt keine Frauen – auch das gehört zum Behagen des Wieners.

Jeder Mensch in Wien hat sein Kaffeehaus, und dort trifft man ihn sicherer als zu Hause. Es gibt politische Kaffeehäuser mit Ministern und Abgeordneten, wie das Café Pucher oder das Café Zentral. Die Großindustrie trifft man im Café Schrangl auf dem Graben, die Professoren im Café Landtmann, die Künstler im Museum, die Dichter im Säulenhof vom Zentral – jedes Kaffeehaus hat seinen Stammkreis, und manches hat mehrere verschiedene. Da sitzen zum Beispiel in der rechten Hälfte die Herren von der Produktenbörse und in der linken die Beamten von einem Ministerium. Kein Mensch von der linken Hälfte kennt irgendwen von der rechten. In den Kaffeehäusern der Josefstadt sitzen am Vormittag die Studenten und studieren, um das Heizen zu ersparen. Am Vormittag kostet der Kaffee weniger – er ist auch schlechter als am Nachmittag.

Der »kleine Schwarze« ist die Eintrittsgebühr ins Kaffeehaus. Alle halben Stunden bekommt man frisches Wasser serviert, und dabei kann man viele Stunden lang sitzen. Das Klima ist in Wien für ein Leben auf der Straße, wie der Italiener es führt, zu rauh. Stattdessen lebt der Wiener im Kaffeehaus – es ist ihm das, was dem Griechen die Agora war. Gewiß hätte sich Sokrates in einem Wiener Kaffeehaus wohl gefühlt. Es ist vielleicht der Ort auf Erden, an dem das gelöste, witzig phantasievolle, grüblerische, scharfsinnige, zynische Gespräch der Griechen, dieses von aller Pedanterie und wissenschaftlichen Bindung freie Spiel im geistigen Raum sich am längsten lebendig erhalten hat. Die Frauen haben diesen Zauber aus dem Kaffeehaus vertrieben. Sie haben es natürlich erobert. Das lag ja unvermeidlich im Geist der Zeit. Seitdem sich die Frauen emanzipiert haben, lassen sie die Männer gar nirgends mehr allein – nicht mehr im Kaffeehaus, nicht mehr beim Sport, nicht mehr im Beruf ... Das Kaffeehaus war einmal wie der Vatikan eine Männerwirtschaft: prächtig, unbequem, schlampig, eine Domäne männlichen Geistes und männlicher Einsamkeit. Was wäre der Vatikan, wenn da plötzlich Frauen etwas zu reden hätten! Es ist derselbe Geist, der gegen Klöster und gegen den Zölibat kämpft, der die Frauen ins Kaffeehaus eindringen läßt – der Geist der Entweihung, der keinen »jardin secret« mehr respektiert.

Die rechte Freude am Kaffeehaus hat nur der Stammgast. Wer kein Stammgast ist, hat überall in Wien ein schweres Leben, aber man wird rasch Stammgast. Der Wiener ist stolz darauf, ein Stammgast zu sein, und führt es gerne seinen Freunden vor, welche Vorzüge er als solcher genießt. Zum Stammgast wird man vom Kellner ernannt. Der Kellner ist wie ein Lehrer in der Schule: er teilt gute und schlechte Noten aus. Nicht immer kriegt der, der am meisten konsumiert und die größten Trinkgelder gibt, die besten Noten. Der Kellner weiß, wer ein feiner Herr ist. Er ist aber nicht nur gerecht, er ist auch gütig; er sorgt für die Liebes- und Geldbedürfnisse seiner Stammgäste. Der Raunzer sagt: »Die Wiener Kellner sind Kuppler und Wucherer«, aber das ist ebenso ein Mißverständnis, wie wenn man beim Sport einen Amateur mit einem Professional verwechselt. Manchmal ist es ja wirklich zum Verwechseln, aber im Prinzip ist es ein gewaltiger sozialer Unterschied. Wenn ein Kellner einem Gast einmal einen Hunderter leiht, dann bekommt er ihn am anderen Tag mit fünf Gulden Trinkgeld zurück – 1825 Prozent per anno, rechnet entsetzt der Pedant aus –, oder er sieht ihn niemals wieder. Das ist eher Spiel als Wucher. Und wenn er dem Herrn Baron die schlanke Blonde empfiehlt, dann ist es der gefällige Wink eines Kavaliers an den anderen. Er ist ein Mäzen: Studenten und Künstlern schreibt er endlos die Zeche auf – und neugierig ist er: wenn ein Gast zweimal kommt, weiß er, wie er heißt, wo er wohnt, was er treibt, mit wem er telephoniert. Wenn er ihm in den Rock hilft, schaut er rasch über den Kragen, um zu sehen, ob der Rock von einem feinen Schneider und mit Seide gefüttert ist. Gelegentlich macht die Polizei von solchen detaillierten Kenntnissen Gebrauch. Ein Spitzel, sagt der Raunzer – aber er ist nur ein Amateurreporter, Amateurdetektiv, und wie dieser trägt auch er einen Frack. Neidvoll rechnet ein Mittelschulsupplent aus, was so ein Kellner verdient, und nimmt sich vor, wenn er wieder auf die Welt kommt, nicht mehr so viel zu studieren.

Mit den Jahren legt sich ein Kellner, wenn er aufgeweckt ist, hübsch viel Geld zurück. Dann heiratet er eine Köchin mit Ersparnissen oder eine verwitwete Kaffeesiederin und wird selber Chef. Er legt den Frack ab, läßt sich einen Bauch wachsen, steht mit strengen Chefblicken an das Büfett gelehnt, dreht den Schnurrbart und geht dann gelegentlich im Lokal herum, um die Gäste zu begrüßen, den oder jenen mit einer Ansprache auszuzeichnen und einmal auch bei einer Tarockpartie mitzuwirken.

Am Büfett aber zwischen den silbernen Aufsätzen mit den Zuckertassen und Rumflascherln waltet reich an Reiz, der nie veraltet, mit wogendem Busen, Brillanten in den Ohren und mit einem hohen blonden Schopf frisch gebrannter Haare die »Gnädige«. Meistens ist sie es nicht persönlich, sondern eine sogenannte Sitzkassierin, aber immer ist es eine üppige, freundlich lächelnde Dame, in der sich Koketterie, Tugend und Gewissenhaftigkeit vereinen müssen. Es gehört zu den Pflichten eines Weltmannes, sich gelegentlich zu ihr an das Büfett zu lehnen und ihr einige scherzhafte Komplimente zu machen. Zu ihrem Namenstag bringt man ihr Bonbons, aber nie hat man noch gehört, daß ein Stammgast mit einer Sitzkassierin »etwas gehabt« hätte. Es muß einer der solidesten Berufe sein. Heute gibt es auch keine Sitzkassierin mehr – die Registrierkasse in der Küche hat sie verdrängt –, sie ist einmal die einzige Vertreterin tugendhafter und reizvoller Weiblichkeit in der Klausur des Wiener Kaffeehauses gewesen.

Heute gibt es im Kaffeehaus Licht, Lärm, Frauen, bequeme Sessel und es zieht nicht mehr. Man bekommt nicht nur Kaffee, sondern auch zu essen. Die Kellner tragen Brillen, sie rechnen zehn Prozent für Bedienung, und Trinkgeld nehmen sie außerdem. Sie klagen über die schlechten Zeiten, sie leihen ihren Gästen kein Geld und vermitteln ihnen auch keine Liebesabenteuer mehr. Das ist auch gar nicht mehr nötig, seitdem die anständigen Damen ins Kaffeehaus kommen ...

—— OTTO FRIEDLÄNDER

DIE WAHRHEIT IM WEINLIED

Es gibt Bierstädte und Weinstädte. Wie in München der Maßkrug die Szene beherrscht, dem jovial-derben Brustton des Volkes Fülle und Nachdruck verleiht, so wird Wien von dem süffig-säuerlichen Getränk geprägt, das aus den Henkelgläsern der Weinhallen und Buschenschenken so leicht, so trügerisch harmlos durch die Kehle rinnt. Dieser Wein, seit eh und je auf den Hügeln und Hängen Wiens gepflanzt, scheint voll Unschuld zu sein, ohne Macht über Verstand und Gemüt. Dennoch vermag er, auf hinterlistigere Art als ein gehaltvoller Fränkischer oder schwerer Burgunder, den Sinn der Trinker unversehens zu umnebeln, ihnen eine hektische Lebensfreude einzuflößen, die im nächsten Augenblick in tiefste Todeswehmut umzuschlagen vermag.

Jene Kneipen, in denen der Wein der letzten Ernte ausgeschenkt wird, heißen »Heurige«, wie ihr Wein. Sie liegen am Rand der Stadt, in den nördlichen und westlichen Vororten Nußdorf, Heiligenstadt, Grinzing, Sievering, Neustift, Salmannsdorf und Dornbach, aber auch im Südwesten, in Mauer und Rodaun. An den Hängen des Wienerwaldes, über diesen einstigen Dorfsiedlungen, wuchs der Wein seit ältester

Zeit, legten dann um 280 die Legionen des römischen Kaisers Probus ihre eigenen Rebstöcke an. Auch in den dunklen Jahrhunderten ging die Kunst, sie zu pflegen, keineswegs verloren. Unter dem Babenberger Heinrich Jasomirgott gab es Weingärten auf dem ganzen Gebiet der heutigen Stadt, auf dem Dominikanerplatz und nahe dem Stuben- und Kärntnertor, im ersten, dritten, vierten, siebenten und neunten Bezirk; selbst der Name »Heuriger« findet sich bereits im dreizehnten Jahrhundert. Daß in den Mörtel der Stephanskirche, den »Malter«, Wein gemischt wurde, ist verbürgt. Aeneas Silvio sprach von den Weinkellern unter allen Straßen, »als läge unter Wien eine zweite Stadt«. Zur Zeit der zweiten Türkenbelagerung erfrischten sich die Verteidiger in einem solchen nahe der Löwelbastei gelegenen unterirdischen Lokal: siebenundzwanzig Stufen führten hinab, wohin die Türkenkugeln nicht reichten. Winzerstuben aber, an deren Toren bald nach Weihnachten der grüne »Buschen« die neue Fechsung anzeigt, findet man seit dem Mittelalter am selben Ort. Viele der alten Hauerfamilien in Grinzing, die als Gründer im Kirchenregister stehen, wurden in den Ungarn-, Böhmen- und Türkenkriegen ausgerottet. Aber immer noch siedeln und pflanzen dort die Hengl, Greiner, Berger, Mandl, Mayer und Brunner. Einige ihrer Schenken sind nach dem letzten Krieg dem Massentourismus anheimgefallen, nehmen allabendlich Busladungen ausländischer Besucher auf. Andere tragen noch alle Merkmale jener idyllischen Behaglichkeit, die sie im neunzehnten Jahrhundert besaßen. [...]

Das Trinken und Musizieren geht Hand in Hand, obzwar die echten »Weinbeißer« die stillen Stuben oder Hinterhöfe vorziehen, in denen ihr ganzes intensives Erlebnisvermögen sich auf den Geschmacksinn konzentriert und von lästigen Geräuschen unabgelenkt bleibt. Auch für sie ist gesorgt, an abseitigen Orten vor der Stadt, wo sie schweigend und versonnen ins Glas blicken können. Für alle anderen aber ist ein Heurigenbesuch mit Musikanten und Sängern verbunden, mit jenen alten und neuen Liedern, in denen sich die Wahrheit des Volkscharakters offenbart. Schon das älteste, jenem Dudelsackpfeifer Max Augustin zugeschrieben, der im Pestjahr 1679 unversehrt aus einer Totengrube auferstanden und dennoch seinen makabren Refrain »Alles ist hin« durch die Wiener Gassen trug, zeugt von der lachenden Verzweiflung, der selbstgefälligen Melancholie, die ihnen allen eignet. Aus den folgenden Jahrhunderten sind einige Namen von Sängern, die zugleich Geiger, »Hackbrettschlager« oder Harfenisten waren, überliefert, von ihren Melodien und Texten aber kein Ton, kein Wort.

Erst um 1800, als die Gilde der Harfenisten – unter denen sich freilich auch Zither- und Gitarrespieler befanden – in den vielen, im wachsenden Wohlstand der Industrialisierung neu entstehenden Schenken und Vergnügungsetablissements ihren Aufschwung nahm, begann man, ihre selbstgedichteten Lieder auch im Druck zu verbreiten. Sie wurden zumeist zu überlieferten Melodien gesungen. Erst die Komödienlieder des Biedermeiers gehen auf besondere Kompositionen zurück, denen ihrerseits immer neue Texte untergeschoben wurden.

Später bediente man sich der Tanzweisen Lanners und des älteren Johann Strauß, erfand dazu passende Worte und gliederte sie dem Repertoire der Volkssänger an. Zu Anfang der dreißiger Jahre schuf Johann Baptist Moser das »Wiener Couplet«, jenes Strophenlied, das sich des wiederkehrenden Refrains in immer verändertem Sinn bedient. Er wurde um die Jahrhundertmitte an Beliebtheit von Johann Fürst abgelöst, einem fröhlichen Mann von derber, unverblümter Art und einem kräftigen, etwas baritonal gefärbten Tenor, der auch im Jodeln exzellierte. Von ihm stammt das »Ur-Lied« aller Heurigensänger, der Inbegriff heiterer Todessehnsucht:

»Wann i amal stirb, stirb, stirb,

müß'n mi d' Fiaker trag'n

und dabei Zithern schlag'n,

weil i das liab, liab, liab,

spielts an Tanz laut und hell,

allweil fidel!«

Die Fiaker, neben den Wäschermädln, »Wasserern«, »Rastelbindern«, hanakischen Ammen und »Salamut-schi-Männern« die beliebtesten Volkstypen des neunzehnten Jahrhunderts, kamen häufig in diesen Liedern vor. Die »Fiaker-Milli«, von Hofmannsthal in seiner »Arabella« verewigt, eine berühmte Lebedame mit dem bürgerlichen Namen Turecek, war selbst Volkssängerin und nach ihrer Heirat mit dem Fiaker Demel jener Zunft noch inniger verbunden. Das sogenannte »Alt-Wiener Fiakerlied«, mit dem Refrain »Drum fahrn ma, Euer Gnaden«, mag sie oft gesungen haben.

Es zeugt wie alle diese Texte von einem gesunden Selbstbewußtsein – »A Kutscher kann a jeder wer'n, aber fahren könnan s' nur in Wean« – und von jenem beschwingten Lebensgefühl, das die heiteren Augenblicke der Wiener, dieses milden manisch-depressiven Menschenschlags, erfüllt:

»Mei Stolz is
i bin halt
an echt's Weanerkind
a Fiaka, wie man
net alle Tag findt,
mei Bluat is so lüfti
und leicht wie da Wind:
I bin halt
an echt's Weanerkind!«

In den sechziger Jahren war die Zeit der Volkssänge-
rinnen gekommen. Antonie Mannsfeld, Begründerin
eines besonders »freien Tons« in den Liedern, Fanny
Hornischer, die ebenfalls mit Anzüglichkeiten nicht
sparte, nach ihr die junge, hübsche Anna Ulke, die
sich elegant, in einer Seidenrobe mit Schleppe, trug,
dann die Geißler; die Schmer, die Lindner, Stengel,
Kutzel und Fiori − sie alle kreierten neue Couplets
und »Quodlibets«, die von den immer zahlreicher auf-
tretenden Textdichtern und Komponisten hergestellt
wurden. [...]

Über die temperamentvolle Hornischer äußerte
sich der Wiener Volksschriftsteller Friedrich Schlögl
vernichtend. Ihre Liebe zu den Zoten, mit denen
sie ihr Publikum von alten Lebemännern unterhielt,
bewegte ihn zu einer Kapuzinade, in der er sie als

»Superlativ der unweiblichen Roheit« bezeichnete, als »eine Ente, die in der Pfütze im dicksten Zotensumpfe herumplätschert«. Tatsächlich scheint die Hornischer so wenig Takt und Pietät gehabt zu haben wie ihre Vorgängerin Mannsfeld. Denn als ihre Schwester Lori, die sich in der Wiener Demimonde mit der »Fiaker-Milli«, der »böhmischen Toni« und der »dicken Bernhardine« herumgetrieben hatte, sich eines Tages ins Herz schoß, nützte Fanny das sensationelle Ereignis als Sprungbrett auf die »Pawlatschen« – jenes Holzpodium der Volkssänger, das in jedem Lokal aufgestellt war.

Die berühmtesten Figuren der Gründerjahre, die in allen Wirtshäusern, Cafés und Weinschenken auftraten, bis ganz Wien ihre Glanznummern auswendig kannte, waren Luise Montag und Edmund Guschelbauer. Die Montag hieß eigentlich Aloisia Pintzker und dann Plechaczek nach ihrem Mann, dem Volkssänger »Plecherl«. Aber sie nannte sich Montag, weil die große Mannsfeld so geheißen hatte, und bekam dazu noch den Spitznamen »Das Lercherl von Hernals«. Ihre Stimme umfaßte vier Oktaven und schlug, wenn sie dudelte oder jodelte, vom Sopran mühelos um in den tiefen Alt. An ihrem siebzigsten Geburtstag sang sie noch virtuos einen Koloraturwalzer von Johann Strauß.

1883 hatte die Montag sich zum Gesangsduett mit Edmund Guschelbauer vereinigt. Eine Weile lang zeigten sich diese beiden, die man heute als die letzten großen Volkssänger bezeichnet, gemeinsam dem Publikum. Dann ging Guschelbauer seine eigenen Wege. Girardi saß, wenn er auftrat, unter dem Podium und studierte seine Vortragsart. Guschelbauer, der auf der Höhe seines Ruhms immer im Frack, mit Zylinder und Zigarre erschien, wurde zum Inbegriff des »alten Drahrers«, des lebenslustigen Bummlers durch sämtliche Wiener Vergnügungsstätten, wie ihn später Hans Moser und Paul Hörbiger verkörpern sollten. Sein Leiblied, von Johann Sioly vertont, hatte den Refrain »Weil i a alter Drahrer bin, a so a Aufdrahrer bin«.

Stolz, Daseinsfreude und ein abruptes Versinken in wehmutsvollen Schmerz; aus diesen Elementen setzen sich das Wiener Volkslied und das Wiener Weinlied zusammen. Die Wehmut aber nimmt zwei Formen an: Trauer um das Unwiederbringliche, die schönere Vergangenheit, und ein melancholisches Wissen um den eigenen Tod. So wohl man sich auch in jenen friedlichen Jahrzehnten zwischen Königgrätz und dem Ersten Weltkrieg befand – der Kummer um eine goldene Zeit, die eben erst zu Ende gegangen war, warf seinen Schatten auf die fröhlichsten Feste. [...]

Die Volkssänger freilich, getreu dem Empfinden ihres genußfrohen, musikliebenden, aber häufig denkfaulen oder gar geistfeindlichen Publikums, hielten nicht viel von der hohen Literatur und fanden die Sprache der einfachen Leute, die sie ihren Liedern zugrunde legten, der gebildeter Stände durchaus ebenbürtig, wenn nicht überlegen. Aber liegt nicht in der Innigkeit dieser Lieder, ihrer schlichten Moralität und ihrer resignierten Erkenntnis der Flüchtigkeit des Lebens zuweilen ebensoviel Lebensweisheit und Gefühlsinhalt wie in den Dichtungen jener »Klassiker«, deren Wahrhaftigkeit das Volk mißtraut? Das Gute im Menschen, hier wird es noch angestrebt.

Die alten Wiener Lieder und Tänze wurden 1912 in zwei Bänden von Eduard Kremser gesammelt. Auf den »farbigen Vollbildern«, die Hans Larwin, der Illustrator, zu ihnen beigetragen hatte, wird noch einmal die Welt jenes neunzehnten Jahrhunderts heraufbeschworen, die bekanntlich erst mit dem Weltkrieg zu Ende ging. Hier sieht man sie, die Heurigenrunden an ihren Holztischen, ihre Henkelgläser vor sich, die nächtlichen Heimkehrer aus Grinzing und Heiligenstadt mit ihren farbigen Lampions, und schließlich die Musikanten der Schenken, mit Geige, doppelhälsiger Gitarre – der »Klampfn« – und der Ziehharmonika, dem »Maurerklavier«. Sie waren auf die Harfenisten und Klavierspieler gefolgt, waren die Nachfolger der Brüder Josef und Johann Schrammel, die in den achtziger Jahren mit ihrem Quartett von Geige, Klarinette, Harmonika und Gitarre tonangebend geworden waren. Die Klarinette, das »süße Hölzl«, schwand nach der Jahrhundertwende in den Heurigenlokalen dahin. [...]

Wenn auch 1918 die »guate alte Zeit« endgültig zu Ende war, sollte sie in den Wiener Heurigenorten am Leben erhalten werden. Nicht nur sang man und singt bis zum heutigen Tag all die Texte von Wiesberg, Lorenz und Krakauer, von Schmitter, Hornig und Skurawy, die vor 1912 im Schwange waren – was in der Republik an Volks- und Weinliedern entstand, das war im Grunde nur ein Echo des Althergebrachten, das wandelte mit kaum anderen Worten dieselben Themen ab: Stolz auf die eigene Lebens- und Wesensart, Klage um die Vergangenheit, Wehmut über den unvermeidlichen Tod. Als in den zwanziger Jahren ein Film über den Untergang der »Titanic« gedreht wurde, ließ man Willy Forst im Schiffssalon traurigen Abschied vom Leben nehmen, während das aufsteigende Meerwasser bereits die Klavierbeine umspülte:

»Es wird a Wein sein
und mir werd'n nimmer sein,

drum g'niaß ma 's Leb'n,
bevor's uns reut.
's wird schöne Mad'ln geb'n,
und mir werd'n nimmer leb'n,
drum greif ma zua,
g'rad is no Zeit.«

Das schien nun der Inbegriff der Rührseligkeit, konnte in manchem Zuschauer geradezu Widerwillen er-
wecken, und war doch ein echtes altes Heurigenlied
von Hornig und Gruber, das nur, aus dem natürlichen
Rahmen gerissen, wie eine sentimentale Schnulze
klang. Wenn Kitsch aus der zweckentfremdeten Ver-
wendung irgendwelcher Elemente besteht, dann war
hier ein gültiges Beispiel dafür gegeben.

Daß solche lamentates mori einem tiefinneren
Hang im Volkscharakter entsprachen, daß sie in der
katholischen, spanischen, barocken Tradition Wiens
verwurzelt waren, bewies ihre stetige Wiederkehr.
So sang man in den zwanziger Jahren, so singt man
immer noch. Denn auch die Zweite Republik hat die
überlieferten Lieder nicht vergessen, nur durch ähn-
liche ergänzt, und wüßte man nicht bei manchen,
daß sie neueren Datums sind, man würde mit Recht
in Kremsers Sammlung nach ihnen suchen.

Inzwischen ist längst eine zweite »Backhendelzeit«

angebrochen, der wirtschaftliche Aufschwung Österreichs nach dem zweiten Krieg hat einen seit den Gründerjahren nicht mehr gekannten Wohlstand bewirkt, und dennoch ist die Überzeugung, daß früher alles besser war, nicht geringer geworden. Da erinnert man sich verklärten Auges der Zeit, »als Böhmen noch bei Ostreich war, vor fünfzig Jahr, vor fünfzig Jahr«, da erklärt man: »Sehts Leutln, so war's anno dreißig in Wien, in der goldenen, gmüatlichen Zeit.« Da fragt man: »Was glaubn S', verlangert i zuviel, wann S' d' Schrammeln ruafn für a Spiel? Die Welt wird z'ruckdraht um paar Jahr', weil's damals noch viel schöner war!« Und schließlich heißt es: »Die Welt, die ist mir zu modern, i will auf mei Art selig wer'n, da brauch i net viel Geld dazua, i will mein Wein nur und mei Ruah.«

Die quietistische Haltung des Spießbürgers im Vormärz, dem sein Weinderl und Backhendel lieber waren als Freiheit und Fortschritt, als Gleichheit und Brüderlichkeit, manifestiert sich nach wie vor in den Heurigengesängen.

Auch der Wunsch nach Freiheit hört sich auf, wenn man für sie Steuern zahlen muß. Das ist die Philosophie des Wieners, zumindest wenn er beim Heurigen sitzt, und gäbe er ihr im Alltag nach, dann wären er und seine Stadt längst im Morast der Trägheit und Eigensucht versunken. Das dem nicht so ist, wissen

wir. Denn Wien hat die politisch regsamste Einwoh-
nerschaft in Österreich, hat der fleißigen, arbeitsamen
Menschen so viele wie der Kämpfer um soziale Rechte. Gehen sie aber abends zum Wein, dann spüren
sie ihren eigentlichen Sorgen und Sehnsüchten nach,
trauern um das Unwiederbringliche, fürchten sich vor
dem Tod und trösten sich damit, »daß nur a echter
Weaner das Leben versteht«.

In den großen Gaststätten in Grinzing, die allabendlich für Autobus-Touristen Hühner grillen und
irgendeinen Wein unsicherer Provenienz bereithalten,
in denen geschunkelt und »Wie schön ist es am Rhein,
am Rhein« gesungen wird, lassen sich die »echten
Weaner« nicht blicken. Lieber suchen sie sich einen
stillen Heurigen am Hügelhang, wo man auf die dun-
kelnde Stadt hinunterblicken kann, einen Innenhof
oder versteckten Hintergarten, trinken den hauseige-
nen Hauerwein, starren ins Henkelglas und lassen
sich von dem Zitherspieler, der einmal des Abends
hereinwandern, etwas vorspielen, was ihnen ins Herz
geht, wie den »Handschuhmacher« mit seiner süßen
Lannermelodie, das »Pfeifenkramerlied«, den »Alten
Bußbaum« oder »Stellts meine Ross' in Stall«.

Es gibt keine großen Volkssänger mehr, die diese
Lieder singen und neue kreieren. Was überliefert ist,
was in unseren Tagen Stolz, Benatzky und Leopoldi

oder auch Bernauer, Schima, Lang und Czapek hinzugedichtet und komponiert haben, das tragen zahllose ungenannte Heurigenmusiker vor, zuweilen auch die Hauer selbst, wenn sie ihre Stammgäste erfreuen wollen. Der »Mandl-Schani« etwa, der erst vor wenigen Jahren starb, hatte die schönsten und ältesten noch gewußt und gesungen. Er gehörte zu jenen uransässigen Familien, von denen schon die Rede war, den Greiner und Hengl, den Lier, Berger, Mayer und Brunner. Vor zehn bis fünfzehn Jahren gab es noch 130 Hauer in Grinzing, die nach Weihnachten den Buschen vor ihr Haus hängten und ihren selbstgekelterten Wein ausschenkten. Jetzt gibt es nur noch dreiunddreißig. Die heutigen Strukturprobleme des Weinbaus, der oft erzwungene Abverkauf ihrer ohnedies zu kleinen Weingärten, die Konkurrenz der Backhendelstationen und Massenheurigen drängen sie immer mehr zurück. Vielleicht ist jene Permanenz des Vergänglichen, die aus den Weinliedern spricht, doch nur illusorisch. Vielleicht ist der Tag in Sicht, an dem wahrhaftig der Wein verdirbt und die Musik stirbt – zumindest der unverfälschte Wein, die unverkitschte Musik. Erst dann wird man die sieben Zwetschken einpacken müssen – »ehnder net«.

—— HILDE SPIEL

WIENER TYPEN

DAS ERSTE SÜSSE MÄDEL

Seit einiger Zeit zählte ein aus Czernowitz gebürtiger Studiosus juris zu meinen näheren Bekannten, der mir wahrscheinlich dadurch interessant geworden war, daß er Schauspieler werden wollte, Gedichte schrieb und ein Jugenddrama, betitelt »Zwei Welten«, in sich herumwälzte oder schon vollendet hatte. An einem Novemberabend des Jahres 1881, auf einer unserer Promenaden durch Vorstadtstraßen in der Neubau- und Josefstädtergegend, fügte es sich, daß wir uns nach etlichen wohlaufgenommenen Einleitungsworten zwei jungen weiblichen Geschöpfen als Begleiter anschlossen, für die die Bezeichnung »süßes Mädel« zwar damals noch nicht existierte, die aber – wenigstens die eine von ihnen – mit einem gewissen Recht Anspruch erheben durfte, nicht nur ein süßes, sondern sogar, wenn es auch viele hunderttausend vor ihr gegeben hat – das *erste* süße Mädel genannt zu werden. Und ich muß es geahnt haben, daß dieses Wesen, wenn auch nicht als individuelle Erscheinung, gewissermaßen als »Idee« für meine dichterische Entwicklung bedeutungsvoll werden sollte; sonst wäre es nicht zu verstehen, daß ich noch am gleichen Abend, sofort nach unserem harmlosen Spaziergang zu viert, mich mit einer Ausführlichkeit in meinem Tagebuch über sie ausließ, die sonst meine Art nicht war. Sie war Choristin an einer Bühne, die ich mehr aus Gründen der Belletristik als aus solchen einer in diesem Fall ganz zweck- und sinnlosen Diskretion nur mit drei Sternchen zu bezeichnen für richtig fand. Im übrigen schilderte ich sie für mich selbst mit folgenden Worten: »Prototyp einer Wienerin, reizende Gestalt, geschaffen zum Tanzen, ein Mündchen, das mich in seinen Bewegungen an das Fännchens erinnert (welcher Mund, der mir gefiel, hätte das damals nicht getan!), geschaffen zum Küssen – ein Paar glänzende lebhafte Augen. Kleidung von einfachem Geschmack und dem gewissen Grisettentypus – der Gang hin und her wiegend – behend und unbefangen – die Stimme hell – die Sprache in natürlichem Dialekt vibrierend; was sie spricht nur so, wie sie eben sprechen kann – ja muß, das heißt lebenslustig, mit einem leisen Anklang von Übereiligkeit. Man ist nur einmal jung, meint sie mit einem halb gleichgültigen Achselzucken. – Da gibt's nichts zu versäumen, denkt sie sich ... Das ist Vernunft in die lichten Farben des Südens getaucht. Leichtsinnig mit einem abwehrenden Anflug von Sprödigkeit. Sie erzählt mit Ruhe von ihrem Liebhaber, mit dem sie vor einigen Wochen gebrochen hat, erzählt lächelnd mit übermütigem Tone, wie sie nun so viele, die leicht mit ihr anzubinden gedenken, zum Narren halte, was aber durchaus nichts Französisches, Leidenschaftlich-Dämonisches an sich hat, sondern ganz heimlich humoristisch berührt, solange man nicht selber der Narr ist. Dabei dieses merkwürdig Häusliche – wie sie zum Beispiel von ihrem Liebhaber (,besaß der sie?' setzte ich naiv-zweifelnd hinzu) tadelnd bemerkte, er hätte zuviel Karten gespielt – und man müsse sparsam sein usw. Die obligaten Geschwister mit den Eltern zu Hause, die tratschenden Nachbarn in den Nebengassen, jeden Moment der erste Ton – und auch eine ganz volkstümliche Melodie.«

Ein paar Abende darauf spazierten die beiden Paare wieder in herbstlichen Gärten und stillen Gassen hin und her. Wieder erzählte mir Gusti von ihrem Liebhaber, der aber nicht ihr Geliebter gewesen sei und dem sie den Abschied gegeben, weil er sich so viel mit »leichten Mädchen« umhergetrieben; von einem Selbstmordversuch, den sie vorher schon wegen Tratschereien über sie verübt – allerdings mit Morphium, obwohl sie auch Zyankali zur Verfügung hatte (»so lebensüberdrüssig, daß sie Zyankali nahm, war sie doch nicht«, setzte sie sardonisch hinzu). Und endlich äußerte sie ihre wohlbegründeten Zweifel an der Unberührtheit ihrer Freundin Minna, die ein paar Schritte vor uns an meines Kameraden Seite einherwandelte, im übrigen nicht sonderlich hübsch und mir sehr zuwider war. Man begab sich in ein kleines Gasthaus, wo Leo, von Natur etwas laut, zum Deklamieren geneigt und von fragwürdigen Manieren, das große Wort zu führen begann. Auch als Possenreißer zeichnete er sich aus, ließ es an schlimmen Zoten nicht fehlen und trug endlich einen höchst unzweideutigen Vierzeiler vor – ach, ich habe seinen Wortlaut nie wieder vergessen –, der nicht nur, wie selbstverständlich, die unkeusche Minna, sondern zu meiner Betrübnis auch das um so viel reinere Fräulein Gusti nicht nur nicht verletzte, sondern höchlich zu amüsieren schien. Auf dem Nachhauseweg, wo Leo, durch seinen Erfolg berauscht, immer kühnere Töne anschlug, konnte ich mir nicht verhehlen, daß er mich bei meiner anmutigen Choristin vom Theater zu den drei Sternen auszustechen im Begriffe war; uns, als wir vor ihrem Haustor Abschied nahmen, erklärte sie, daß sie bei unserem nächsten Zusammensein zwischen uns die endgültige Wahl treffen werde. Ich ließ die Galgenfrist literarisch nicht ungenützt verstreichen. Ein Volksstück begann sich in mir aufzubauen mit einem Mädchen von Gustis Art als Hauptfigur; und folgende Schlagworte wurden aufnotiert: »Die verführte Freundin. – Die vorstädtischen Tanzschulen. – Der Ledergalanteriewarenhändler, der ins Haus kommt. – Die

schlecht und recht zusammengekittete Häuslichkeit. –
Die Vertrauensseligkeit der Eltern.« – »Alles kenn'
ich so gut«, schrieb ich dazu. »Bin an allen Orten so
heimisch, mit allen Personen so wohlbekannt«; – und
doch währte es noch ein Dutzend Jahre, und manches
Erlebnis mußte durchlebt und manches Leid erlitten
und zugefügt werden, ehe das »Fräul'n am Brunnen«,
wie nach der Heldin mein Stück betitelt sein sollte,
sich in Christine Weiring und ihre Freundin sich in
die Schlager Mizzi wandelte.

Nun aber bleibt noch zu berichten, wie das kleine Abenteuer in Wirklichkeit endete. Als Leo und ich
Gusti das nächstemal gegenübertraten, spielte sie so
lange die Unschlüssige, bis wir sie aufforderten, durch
eine Handbewegung den Jüngling ihrer Wahl zu bezeichnen. »No«, sagte sie endlich, »no meinetwegen
der rechts.« Mir als Linksstehendem blieb nichts übrig, als in edler Haltung, die sich bei solchen Gelegen-
heiten automatisch einstellt, in einer Nebengasse zu
verschwinden. Wie sich aber die Liebelei zwischen
dem ersten süßen Mädel, das durch eine Ironie des
Schicksals nicht das meine wurde (denn das Schicksal
liebte es, mit ungeschickten Leuten ironisch umzu-
gehen), und meinem glücklicheren Freund weiterent-
wickelte, habe ich niemals erfahren oder habe es vielleicht nur vergessen. Eine neuere Psychologenschule

würde kaum umhinkönnen, hier die unbewußte Verdrängung einer mir unangenehmen Tatsache zu vermuten; sollte diese Vermutung sich bewahrheiten, so bedauere ich nur, daß ich nicht verstanden habe, mein Verdrängungstalent im Laufe der Jahre weiter auszubilden.

—— ARTHUR SCHNITZLER

AM KAFFEEHAUSFENSTER

Es regnete Nachmittags.

Der Himmel mit seiner bleiernen Herbstfarbe schien sich bis zu den Dächern der Häuser herabsenken zu wollen, die Straßen zeigten den bei Regenwetter unvermeidlichen glänzenden Schmutz, und die Leute machten mit wenigen Ausnahmen so trübe Gesichter, als ob sie, wie das Sprichwort sagt, bloß alle »Charfreitag ein' Grill'n kriegeten«. In der Fensternische des Kaffeehauses hingegen war es ganz behaglich. Aus dem Füllofen des nach alter Bauart hoch gewölbten Lokales schimmerte eine tüchtige Glut, der Feuerbursche in der Kaffeeküche bräunte eben frische Kaffeebohnen, deren köstlicher Geruch den ganzen Raum durchströmte, die Marqueure[11] vollendeten ihre Erziehung, indem sie eifrig illustrierte Zeitschriften lasen, und nur auf einem einzigen Billard rollten die Kugeln. Die Spieler waren ganz ehrsame ruhige Leute, die nur durch das Wort »Sau« in einige Aufregung gerieten; denn so oft dieses ausgesprochen wurde, lärmten sie und nahmen gegen einen aus ihrer Mitte eine drohende Haltung an.

Ich sah durch die dicke Spiegelscheibe auf die Straße hinaus, welche, eng und ansteigend, ein Stück

Alt-Wien durchzieht. Viele Häuser in Gesichtsweite tragen auf verwitterten Fassaden noch den Schmuck vergangener Jahrhunderte: geschmiedete Gitter im Erdgeschoß, zierliche Balkone im ersten Stockwerk, halb unkenntliche steinerne Wappen über dem Portale und reich verschnörkelte Fenstergiebel. Am Ende einer kleinen Seitengasse ragt über eine, oben mit langem Gras bewachsene Mauer das Türmchen einer Stiftskapelle empor. Gegenüber steht ein altes Haus mit Erkern in allen vier Geschossen und einer sonderbaren Bedachung. Gerne hätte ich mir die alten Menschen in diesen Rahmen hineingedacht, aber es liefen fortwährend die neuen dazwischen. Dabei fiel mir auf, daß viele mit einem so leeren Blick durch mein Fenster sahen, wenn sie vorbeikamen. Endlich blieb einer stehen, richtete seine Augen vollständig inhaltslos auf mich und rückte sich den Hut zurecht. Draus war zu erkennen, daß die Scheibe infolge ihrer Stellung und des matt beleuchteten Hintergrundes Spiegelbilder nach außen gab. Bald erschienen mehrere, die sich dies je nach dem Grade ihrer Eitelkeit zunutze machten.

Ein junger Mann prüfte die Wirkung seiner einnehmenden Persönlichkeit zunächst durch einen schelmischen Blick in das Spiegelfenster. Er schien Gefallen an sich zu finden, denn er lächelte unmittelbar darauf in mehreren Arten, wobei er stehen blieb und seinen Rockkragen lüpfte, um andere Passanten glauben zu machen, er bediene sich bloß zu diesem Zwecke der Spiegelung. Dann trat er einen Schritt zurück, überflog seine ganze Gestalt zuerst im Spiegel und verglich sie hierauf mit der Wirklichkeit, offenbar ein wenig mißtrauisch, ob nicht etwa der Spiegel ein schönes Detail veruntreue. Beglückt, daß dieses nicht der Fall, wendete er sich wieder zum Gehen, doch nicht ohne einen letzten Seitenblick, durch welchen er sich den hinreißenden Eindruck vergegenwärtigen wollte, den seine edle Gestalt bei dem Übergange von Ruhe zu Bewegung zweifellos hervorbringen müsse.

Seine Miene beim Abgange war eine so von Befriedigung leuchtende, daß ich nur annehmen kann, er hätte in diesem Augenblicke einen Vergleich mit dem berühmten Diskuswerfer oder dem sterbenden Fechter nicht errötend von sich gewiesen. Dabei muß der Wahrheit gemäß – wenn auch nur nebenbei – erwähnt werden, daß der vergnügte Jüngling, in Eid genommen, sicher nicht leugnen könnte, daß er durch bemerkenswerte Plattfüße vom Kriegsdienste für immer befreit worden. Nach ihm benutzen noch folgende Passanten den verlockenden Spiegel:

Ein magerer Herr, welcher sich heftig in die Brust warf und die Arme stämmig nach außen hielt wie die kraftvollen Lastträger oder Fleischer. Er schien sich ungemein breit und kräftig vorzukommen, da sein Gesicht einen trotzigen Ausdruck annahm, ehe er ging. Ich habe seither von einem Raufhandel gelesen, bei welchem ein Mann, der nach der Beschreibung jenem gleicht, fast in Stücke gerissen wurde. Der verwegene! Wahrscheinlich war der andere noch breiter, noch kräftiger und noch trotziger.

Ferner ein hypochondrischer Mitbürger, der die Backen aufblies, um dicker auszusehen. Er wurde traurig, als sie wieder einsanken, und um sich wenigstens hinsichtlich seines augenblicklichen Gesundheitszustandes zu beruhigen, streckte er rasch die Zungenspitze aus dem Munde. Allein so deutlich zeigte der Spiegel nicht, als daß er hier das geringste hätte wahrnehmen können. Schließlich begann er künstlich zu husten und beobachtete sich dabei im Spiegel, ob er vielleicht ein hektisches Aussehen gewänne. Er muß sich dabei verdächtig vorgekommen sein, denn im Weitergehen machte er eine Handbewegung, die wohl besagen sollte: »Natürlich, es steht bös mit mir.«

Ein gelehrt aussehender Herr, der mit der rechten Achsel nach vorwärts, die linke Hand zur Faust geballt, mit großen Schritten daherkam, blieb plötzlich stehen, richtete sich gerade und öffnete die Faust, während in seiner Miene Beschämung und Reue zu lesen waren. Kein Zweifel, daß ihm seine Frau wiederholt die schlechte Haltung vorgeworfen und er versprochen hat, sich zu bessern, während er immer wieder rückfällig wird.

Nach mehreren Damen, welche sämtlich bloß mit einer eigentümlichen Körperverrenkung ihre Tornüre[12] besichtigten, und einem Dienstmanne, der aus mir unbekannten Gründen vor dem Spiegel seine Nase befühlte, preßte ein Gassenjunge sein Gesicht an das Fenster. Es wurde dadurch zu einer ungeheuerlichen Fratze, und ich deutete dem Burschen durch Zeichen an, daß es besser wäre, nicht so zu handeln. Da er dessen ungeachtet weiter grimassierte, wollte ich ihm die Ehre erweisen, die Sache mündlich mit ihm zu besprechen. Ich verließ das Fenster. Er aber klüglich auch.

—— EDUARD PÖTZL [1906]

WIENER EROTIK

Ein weites Feld – von welcher Seite her es betreten? Am besten vielleicht vom Juniorpartner her – dem Kontrast zulieb. Simone de Beauvoir berichtet in ihren Memoiren von einem ungarischen Studenten an der Sorbonne – er offeriert einer Kommilitonin, mit ihr zu Bett zu gehen – nein, danke, sagt sie – schon ein wenig irritiert wendet er sich an eine andere Kommilitonin – sie sagt: non, merci – daraufhin, er versteht die Welt nicht mehr, ruft er aus: »Aber wieso? Ich bin doch aus Budapest!«

Hier schon der Unterschied. Ein Österreicher hätte das zwar ganz genauso gedacht, aber nicht gesagt. Ganz abgesehen vom Tempo – das ja allerdings in dieser Form jener an diskreter ungarischer Stelle eingebauten Raketenvorrichtung entsprechen mag. Einer dieser Raketenchampions verriet mir einmal in schwacher Stunde sein sexuelles Geschäftsprinzip. »Was nicht geschieht binnen die ersten zwölf Stunden, bitte sehr«, sagte er, »das geschieht überhaupt nicht, also am besten der Gentleman laßt von so eine Dame die Hand. Es stinkt!«

Wie anders blickt dies Bild mich an als das jenes Ostarrichi, der, obgleich bloß ein schlichter Homo

Alpinus, in meiner Hörweite auf einer Alm im Aus- seeischen schwerschuhig an einem anderen Alpenbe- wohner vorbeischritt. »Zeitlassn«, rief statt eines jeden andern Grußes der eine dem andern zu – »Zeitlassn«, grüßte der andere, so gingen sie aneinander vorüber. Für alle anderen Österreicher bedarf es gar nicht erst dieses Grußes. Sie lassen sich Zeit.

Das berühmtberüchtigte Wiener Kaffeehaus: Zeit. Mag man es noch so treffend soziologisch darauf zu- rückführen, daß man in Wien (wie übrigens auch in Paris) durch all die Jahrhunderte schlecht gewohnt hat, in Mietskasernen, deren Besitzer, der Hausherr, die ihm ausgelieferte Populace auch auf die kleinste, nötigste Reparatur zwei, drei Jahre oder Jahrzehn- te warten ließ. (Die Redensart »Es san sogar schon Hausherrn gstorben«, dieser Hinweis auf die Ver- gänglichkeit der von Kirche und Kaiser gewollten ständischen Privilegien scheint von Nestroy zu stam- men, jedenfalls aus seiner Zeit – ein fadenscheiniger Trost der Wiener Mieter quer durch eine scheckige Zeit und ihre kühnste Annäherung an Revolution und Rebellion.) Und diese Hausherren-Häuser wurden ab- gelöst von den Mammut-Wohn-Bienenwaben der so- zialdemokratischen Stadtverwaltung, in denen es erst recht keine Privatheit gab. Man brauchte also ein Ho- me from Home – daher das Kaffeehaus, in dem man bei einer Schale Braun acht Stunden saß, sechzehn Gespräche mit Bekannten führte, Geschäfte machte, telefonierte, vor sich hindämmerte, zweiunddreißig Zeitungen und Zeitschriften las, Schach spielte, Karten spielte und seine Damen traf.

Mit den meisten dieser Kaffeehäuser ist es leider aus – ach, sprechen wir nicht davon. Es soll ja jetzt sogar eine dreistellige (Enthusiasten behaupten: eine geradezu vierstellige) Zahl komfortabler Wohnungen geben in der Stadt Wien – wohin geraten wir! Aber der Rhythmus des alten Kaffeehauses und jener Bergbauern ist dem Österreicher geblieben – wenigstens in eroticis. Zeithaben. Nix zwölf Stunden oder der Gentleman, bitte sehr, laßt die Hand davon. Sich Zeit nehmen für die Dame. Das Geheimnis des sogenannten »Erfolgs«. Sich um sie kümmern. Ein »Kümmerer« heißt so ein Typ in Wien und wird sehr geschätzt. »Gnädige Frau« – mit einem tiefen Blick –, »erzählen Sie mir von sich.« Dieses »von sich« ist das Schlüsselwort. Selbsterzähler sind aus Ungarn – wenn nicht geradezu aus dem Deutschen Reich.

Oder auch: »Nein, gnädige Frau, was solls denn, daß ich mit Ihnen weiter diskutier, Sie sind mir ja doch so sehr überlegen – da kann man nur hinknien.« Ah, faszinierend. Daß diese Charmeure manche Damen überaus langweilen, ist ein bösartiges Gerücht.

Es sei denn, die Betreffenden hätten mit Österreichern schon vorher ausführlicher zu tun gehabt und sich übergessen. Schließlich: man überißt sich an den feinsten Petits-Fours. (Anders ausgedrückt: Es gibt ja sogar welche, die finden die Papagalli schick. Am besten, man fragt mich nicht. Nur daß ich selbst ein Österreicher bin, gibt mir das Recht, so über Österreicher zu sprechen. Von jedem Nicht-Österreicher verbäte ich mir derlei mit jener Entschiedenheit, die für unsereinen charakteristisch ist. Und nur wenn mich eine Zuagraste ganz, ganz vertraulich bezüglich eines Mitwieners fragte, ob sie nun also solle – mein vertraulicher Rat wäre: Ich an ihrer Stelle täte es nicht.)

Was hat die Vorstellung der Zuagrasten von der Wiener Erotik geprägt? Das Export-Image der Operette ... Und zur selben Zeit für Ernsthafte: Sigmund Freud. Nicht die Psychoanalyse als solche, selbstverständlich. In Freuds Schriften drängt sich nicht eben die attraktive Wienerin. Freud hatte es in Wien nicht leicht – nemo propheta in patria, und ein Jud dazu. Das bezog sich nicht einfach auf die »Bevölkerung«, Bevölkerungen nehmen auch sonst nicht Notiz. In einer Stadt, in der jeder bessere Gemeindepolitiker auf ein Jahrhundert zurück eine nach ihm benannte Gasse hat, erinnerte bis gestern an Freud nichts als eine kleine Gedenktafel an seinem Wohnhaus. Bis gestern, sagte ich. Heute lese ich in der Zeitung: »Auf Bitte einer vor kurzem gegründeten hiesigen Sigmund-Freud-Gesellschaft hat die Wiener Kulturstadträtin mit dem Wohnungsstadtrat beschlossen, daß die Wohnung in der Berggasse 19, in der der bekannte Psychiater vor seiner Emigration lebte, für ein S.-Freud-Museum ausersehen wurde. Die inzwischen dort eingewiesenen zwei Mietparteien erhalten Neubauwohnungen.«

Na also. Na bitte. Es lebe die treffliche Kulturstadträtin sowie das Wohnungsamt. Schwieriger hatte es der Begründer der Psychoanalyse ja allerdings unter den Kollegen. Eine außerordentliche Professur (was bloß eine mit der österreichischen Titelfreudigkeit aufgeputzte Erlaubnis ist, unobligatorische Universitätsvorlesungen zu halten, wenn er Studenten fände, die ihm zuhören wollten) – selbst diese Titular-Professur also bekam Freud spät im Leben nach heftiger Opposition Wagner-Jaureggs, des zuständigen Ordinarius. Als ich, Medizinstudent, zum erstenmal Freuds Kolleg suchte, fand ich ihn nach langer Bemühung in einem Klassenzimmer weit hinten in der Psychiatrischen Klinik. Er hatte längst begonnen, er hatte offenbar etwas erklärt, einen Traum vielleicht – da ich behutsam eintrat, sagte er eben: »Sie mögen sagen, das ist sehr gesucht – darauf antworte ich Ihnen aber: es ist auch sehr gefunden.«

Und es gab eine Kategorie von Menschen, die ihre Mission darin sahen, dieses von Freud sehr Gefundene auf eine sehr gesuchte Weise unter die Leute zu bringen: die damaligen österreichischen Schriftsteller. Sie waren die Popularisatoren, die Freuds schwer zugängliche Theorie belletristisch aufbereiteten – geschäftig, auch geschäftstüchtig, gewiß, aber warum nicht?

Unter ihnen war Arthur Schnitzler der erste, wichtigste und bedeutendste – der einzige wohl, der nicht nur nahm, sondern auch gab, nach Freuds eigenem Zeugnis. Sein Werk hat das erotische Image der »Wienerin« literarisch geprägt – und für Bücherleser, für Theaterbesucher nicht nur literarisch: die Zuagrasten unter ihnen suchten und suchen in Wien die Schnitzlergestalten in Fleisch und Blut. Schnitzler tat damit mehr für den permanentesten österreichischen Heiligen, den Heiligen Fremdenverkehr, als sonstwer, aber eine »Gassen«, ein Denkmal oder sonst was hat natürlich auch er noch nicht. (Allerdings – auch er ein Jud.)

Schnitzlers »Reigen« vor allem – und wäre das hier nicht ein kurzes Buch, so setzte ich diese »zehn Dialoge« hierher und sparte mir damit jede weitere Darstellung der Erotik in Österreich. Denn wurde das auch schon vor siebzig Jahren geschrieben – die Erotik ist, neben der endemischen Schlamperei und der chronischen Pleite, in Osterreich das einzige statische Element. (Aere perennius. Ebenso: Tu felix Austria nube. Ferner: In orbe ultima.)

Es geht da, man erinnert sich (wer sich nicht erinnert, kaufe sich statt eines Reiseführers den Schnitzler-Text) – es handelt sich also um ein Wiener Straßenmädchen, das es mit einem Soldaten – um diesen selben Soldaten, der es mit einem Stubenmädchen – um das Stubenmädchen, das es mit dem Sohn des Hauses treibt – dann treibt es dieser junge Mann mit einer seitenspringenden jungen Ehefrau – sie mit ihrem Mann – dieser Ehemann mit jener unter Zuagrasten populärsten Wunschtraumfigur des imaginierten erotischen Betriebes in Österreich, dem Mädel aus der Vorstadt, auch »Süßes Mädl« genannt, in linguistisch ambitiöseren Piefke-Zirkeln spricht man ihm die Beschäftigung mit Putzwäsche und dementsprechend aufs Dialekt-Vertrauteste eine Bezeichnung zu, die etwa wie »Waschermaderl« klingt. Oder wie »Waschermadrol«, so behauptete Karl Kraus.

Wo waren wir? Der Ehemann mit dem Waschermadl also – dieses mit einem Theaterdichter – der es mit einer Schauspielerin – die es mit einem Grafen – der es, besoffen, mit jener ersten Prostituierten treibt, womit der Reigen geschlossen ist. Herrlich. Ich wollte, ich hätte das geschrieben. Ich habe es Jahrzehnte lang zu plagiieren versucht – mit relativ geringem Erfolg.

Neben dem schon beschriebenen Waschermadl (das so irreal und doch überreal ist wie seine Kusine, die Midinette in Paris) ist es vor allem die seitenspringende Ehefrau, die uns interessiert – hier, wo es um Österreichs erotisches Image geht. Ihr Seitensprung ist atypisch. Während in Paris die Mädchen wie in allen romanischen Ländern aufs strengste behütet sind und sich nach der Eheschließung fast ebensooft einen amant suchen wie ihr Ehemann eine amante (für die berühmte »heure bleue« zwischen Büroschluß und Abendbrot en famille – erst wenn einer nicht zum Abendbrot heimkommt, geht die Ehe in die Brüche), ist es, Ausnahmen ausgenommen, in Österreich umgekehrt: Die Mädchen sind von einem zutraulichen Naturell – aber heiratet so eine einmal, so ist sie treu wie die Wacht am Rhein. (»Treu wie die Wacht an der Donau« wäre eine historische Perversität.) Der Romanzen suchende Zuagraste wird nach diesem diskreten Hinweis im Bilde sein. (Berühmte »Nachher-Worte«, an denen der Fremde die Typen leicht unterscheiden kann: Die ausnahmsweise Gestrauchelte sagt nachher: »Was werden Sie jetzt von mir denken?« – das Waschermadl sagt: »Jetzt hab i an Hunger.«)

Spreche ich noch immer von Schnitzler? Dann

ist es an der Zeit, die anderen literarischen Popula-
risierer Sigmund Freuds zu erwähnen – zwei wenigstens, sie stehen für eine ganze literarische Schule. Am
wenigsten über Stefan Zweig, der das kommerzielle
Leitbild jener gefühlvollen Schule war. Ah, Stefan
Zweig. Haltets mi zruck, oder auf reichsdeutsch ausgedrückt: An dieser Stelle halte man mich zurück,
denn begänne ich, von ihm wirklich zu erzählen, so
füllte sich dieses Buch. Im Gegensatz zu Arnold, mit
dem er weder verwandt noch identisch war, hieß er
»der Geschäftszweig«. Dabei war es doch lediglich so,
daß er das kommerzielle Prinzip der väterlichen Tex-
tilfabrik, in jedem Land, in jeder Stadt einen Vertreter
oder wenigstens Korrespondenten zu haben, ins Literarische übertrug. »Lieber Freund« nannte er einen
jeden – in keinem Land, in keiner Stadt mit mehr als
fünftausend Einwohnern hatte er nicht einen »lieben
Freund«, der dann auf dem Bahnsteig stand, wenn er
dort auf Literaturgeschäftsreise vorüberkam, und am
nächsten Morgen den Begrüßungsartikel im Kreis-
blatt schrieb oder die enthusiastische Rezension des
neuesten Zweigschen Buchs. Und die Damen – wer
wollte da nicht alles mit Autogrammen bedacht sein
von einem, dem nichts Frauliches fremd war, bren-
nende Geheimnisse und erste Erlebnisse, Ungedulden
des Herzens und Verwirrungen der Gefühle – ah,

was nicht sonst alles innerhalb der vierundzwanzig Stunden im Leben einer Frau, und alles freudianisch modern-modern und doch zu jedermanns, jederfraus Gemeinverständlichkeit in bester Butter herausgebacken als Feuilleton in Wien. Genug, haltets mi zruck!

Er war der erfolgreichste unter den literarischen Export-Ostarrichi, aber auch alle anderen – wer immer unter den Schriftstellern konnte, exportierte sich aus Klein-Österreich mindestens bis nach Groß-Berlin. Es war ein Anschluß jenseits der Wechselfälle der Politik. Auch jenseits der Dialekte – die hochdeutsche Schriftsprache hatte man gemein, im großen und ganzen wenigstens. Grillparzer, Hofmannsthal: österreichisch oder vielleicht doch »deutsch«? Daß ein Wiener Schriftsteller, Musiker, Künstler in Deutschland ausstellt, singt, dirigiert, verlegt und sein Geld verdient, verargt ihm in Österreich nur der, dem das nicht gelingt.

Zurück zu Zweig und den Seinen. Bevor das Produkt exportiert wurde, stand es, wenn irgend möglich, in der *Neuen Freien Presse* zu lesen – ein blasser Nachfahr von ihr lebt immer noch, kann sich aber gar nicht vergleichen mit dem von Karl Kraus gehaßten, von jedem Wiener Bürger bewunderten Weltblatt, das diese »Presse« damals gewesen ist. Ihr Feuilleton! Wer da, neben Zweig, »hereinschreiben« durfte, gehörte zur Crème de la crème.

Wer zählt die Völker, nennt die Namen. Einer sei immerhin genannt: Felix Salten. Und zwar weil er nicht nur Edelfeuilletonist gewesen ist und Verfasser jener Tiergeschichten (»Bambi«), die in ihrer Lauterkeit die Freude jedes kindlichen Herzens sind – sondern zähen Gerüchten zufolge (er selbst hat sie, als ich ihn damals daraufhin ansprach, auf eine lächelnde Weise weder bestätigt noch dementiert) der Autor jener »Josefine Mutzenbacher«, die, ein schöner österreichischer Rekord, der hier nicht fehlen darf, die begabteste und obszönste Pornographie deutscher Zunge ist. Sie wird immer wieder anonym aufgelegt, der richtige Buchhändler, richtig angesprochen, verkauft sie unter dem Ladentisch. Wer sie sich beschaffen kann – sie ist die richtige Abrundung des Bildes von der Erotik Österreichs.

Nachnotiz. Ähnliches sagte ich unlängst über die »Mutzenbacher« in einer Zeitschrift. Eine Woche später bekam ich einen tief entrüsteten Leserbrief. Aus Hamburg. Durch das, was ich gesagt hatte, freudig erregt, war mein Korrespondent nach St. Pauli geeilt, wo er einen Buchhändler kannte, offenbar einen Spezialisten für Werke dieser Art. Ob er die »Mutzenbacher« habe? Er hatte. Aber zu Hause entdeckte der Empörte: sie enthielt nicht ein einziges pornographisches Wort! – Ich ging der Sache nach. Ein findiger

Verleger hatte das Buch, das im Original weder Autor noch Verlag noch Copyrightvermerk aufweist, zum Gimpelfang in einer Version gedruckt, die man jeder höheren Tochter zu Weihnachten schenken kann!

Um die literarische Ehre des Autors – wer immer der nun also gewesen ist – zu retten, sollte ich wenigstens eine Szene aus der echten »Mutzenbacher« hierhersetzen …

»Am nächsten Tag rückte ich mit Zenzi aus, und so begann meine Laufbahn. Wir gingen auf den Graben, Kärntnerstraße und so weiter. Es war Sommer, dazu hatte Zenzi mich gelehrt, mir das Hemd bis zum Gürtel herabzulassen, so daß ich die Brust unter dem Kleid bloß hatte. Zenzi riet mir, vor allem auf die Polizeimänner aufzupassen und von den Herren das Geld immer im voraus zu verlangen. Auf dem Graben stieß mich Zenzi an: ›Schau … der geht uns nach!‹ Hinter uns ging ein großer, sehr nobel gekleideter Mann mit einem schwarzen Bart. Zenzi zog mich in die enge Dorotheergasse. ›Komm weiter‹, mahnte sie, ›da heraußen spricht er nicht mit uns.‹ Sie zog mich rasch hinter ein Haustor, dort warteten wir. Inzwischen kam der Herr herein. Zenzi sagte lächelnd: ›Wir können da auf die Stiegen gehn, es wohnt eh niemand in dem Haus.‹ ›Willst du …?‹ fragte er mich. Ich betrachtete ihn mit großer Bewunderung, denn er sah feiner aus, als ich je einen Mann in der Nähe gesehn hatte, mit einem schönen Spazierstock mit einem silbernen Griff und einer feinen goldenen Uhrkette, die ihm um den Hals geschlungen war. ›Ich werd aufpassen‹, sagte Zenzi und stellte sich in einiger Entfernung von uns auf. Der feine Herr fuhr mit der Hand in den Spalt, den ich auftat, ich bemerkte mit ehrerbietigem Vergnügen, daß seine Hand ganz weich und zart war, und er war sehr erfreut zu finden, daß –«

Nein, nein, ade literarische Ehrenrettung, hier breche ich ab ...

Schon wieder Nachnotiz. Eingeschüchtertheit nicht mehr nötig. »Mutzenbacher« mit bloß fünfundsechzigjähriger Verspätung komplett erschienen. Allerdings im unzüchtigen München – nicht in ihrer züchtigen Heimatstadt.

—— ROBERT NEUMANN

WURSTELPRATER

Sie glauben vielleicht, i schlaf. Tuns Ihnen nur not täuschen, lieber Herr, i siech alles. Drei Schuß an Schilling. Das is a Hitz. Da gehn die Leut alle baden. Schlecht für unser Gschäft. Entweder es is z' heiß oder z' kalt. Immer is was. Das Wetter hat kan Charakter mehr. Die Sunntäg san wie die Wochentäg und umgekehrt.

Nachm Ländermatch kommen dann schon mehr Leut. Alle auf einmal. Das is auch nicht das richtige. Die vielen jungen Burschen, das Gsindel. Da muß man aufpassen. Per Hetz zielens einem manchmal auf den Kopf. Mir san die Herren am liebsten, wo man ansieht, daß sie Jäger sind. Oder Offiziere. Die habn einen ganz anderen Anschlag. Elegant. Mit Herz. Wenn i denk, die vielen Offiziere. Aber solche Uniformen wie früher habens nicht mehr.

Im Krieg, da haben wir einen Betrieb ghabt! Der Nordbahnhof war ganz in der Nähe. Von dort sans nach Rußland kommen. Warum eigentlich vom Nordbahnhof ...? Vorher habens noch in den Prater dürfen. Ein bis zwei Stunden. – Aber das Schießen hat ihnen net so viel Freud gmacht. Dafür haben wir die ausländischen Arbeiter ghabt ... Einer is dablieben. Er is Kellner in der Ausstellungsstraßen ...

Ja, die Herren Offiziere ... Zuletzt die Russen. Das waren ja keine Offiziersgesichter. Wie Arbeitslose habens ausgschaut. Sonst warens ja höflich. Einmal san welche von der Geisterbahn herüberkommen. Die waren ganz schön gschreckt. Ganz blaß warens. Nach ein bissel Schießen haben sie sich dann wieder derfangt ...

Jetzt fangt schon wieder der Lautsprecher vom Las Vegas an. Die Jazz wird von Jahr zu Jahr ärger. Man kann sich net ausrasten. Wo gibt's noch eine Pratermusik ...? Mich druckt heut was im Magen ... In aner Stund geh i nachtmahlen.

An Firmling muß was essen, net? Cevapcici mit Zwiebel und Senf, in aner Semmel drin. Sie packens so schlecht ein, die Leut. Der Senf geht schwer ausm Firmkleid aussi. Wanns euch nur schmeckt, Kinder! Dem Papa schmeckts aa. Nachher gehn wir auf a Jausn. A schöne Tortn mit Schlagobers und Himbeerwasser ... Wisch dir nicht die Hand an der Hosn ab. Du bist schon bei den Pfadfindern, Franzi! Gemma weiter! Die Tante Finni hat sich ins Schweizerhaus setzen müssen. Wenns im April so warm is, werden die Herzkranken grantig. Jetzt trinkts si schon ihren zweiten Apfelsaft gspritzt. Sie sitzt net gern allan in an Lokal. Na ja, sie is kurzsichtig.

Also Kinder, auch Firmlinge müssen folgen. Was

schauts denn so? Das is noch nix für euch. Das ist die Geisterbahn. Wenn der Franzi heuer a guts Zeugnis heimbringt, darf er vielleicht zu die Geister fahren. So kommts schon! Wer der Mann da oben is, der wie a Raupen ausschaut? Wie a schwarze Raupen mit weiße Streifen ... Der geht euch nix an. Das is der Tod, ös Fratzen!

Der Tod ist eine ehemalige Fischhändlerin, die sich an Sonntagen einen Nebenverdienst schafft. Unter der Maske des Todes ist es von Juni bis August sehr heiß. Sie hatte einen Vorgänger, der es nicht aushielt. Vor Jahren hieß es im Prater: »Habens schon ghört, Frau Berka, der Tod is gstorbn.«

Na, was is? Tamma was? Der Watschenmann wart. Trauns Ihna! Oder sans z'schwach? Na, wär das nix fürs Fräulein Braut? Ein Schilling pro Schlag! Der Kraftmesser für den Herrn! I zeigs Ihnen vor. Sie haun ihn so lang in die Pappen, bis er schreit. Was glauben Sie, wie das dem Fräulein Braut imponiert? I laß Ihnen amol umsonst haun. Daß Sies lernen!

Hast des gsehn, Gselchter, er geht weiter.

Trottel! Hast eh nix zsammbracht.

Habt acht! I bin die resche Poldi ... Der Geist der alten Armee! Gebts nur acht! Wir werden Euch die Wadeln schon füri richten! Wie mir san, so samma! Wenn i zum Trommeln anfang, dann kummts alle

dran, Ihr Tachinierer. Zweierdragoner und Sechs-
undneunziger. Der Vater Radetzky schaut oba, und
auf der Jesuitenwiesen wird exerziert. Ka Brot, ka
Mehl, ka Rauchtabak, da gibts kane Würsteln! Der
Tag von Königgrätz ist unvergessen! Serbien muß
sterbien! Am Balkan wird einmarschiert! Die habn eh
nur Flöh, die Hunde! I bin net fad, i versteh jede Hetz!
A Busserl könnts immer von mir haben. I schau nur so
still aus. Aber wanns los geht, dann sollts sehn, was a
alts k. u. k. Herz no imstand is. Da schießts her, wenns
a Schneid habts! I tromml Euch was vor, daß Euch
Hörn und Sehn vergeht!

Meist steht die Trommlerin verlassen da und blickt
traurig auf eine Generation, die auf Glühbirnen und
mechanische Bären schießt.

Hereinspaziert! Hier ist die längste Geisterbahn
Österreichs mit neuem Spuk.

Eine kleine Freude zum Muttertag ...

Glaubst du, machen die da drin wirklich Striptease? Das kann doch nur ein Spaß sein.

Er is a alter Ober, wissens. Jetzt räumt er das
Gschirr und die leeren Flaschen weg. Zahlt kriegt er
nix, na. Er machts ja gern. Die Leut gebn ihm scho
was. Er halt uns halt auf, wenn a Wirbel is. Er is so
gewissenhaft. Er laßt sich gar nix sagen.

Jaaaaaa, Damen und Herren, nehmen Sie Anteil!

Anteil nehmen! Kommen Sie her! Einen Augenblick! Ich werde Ihnen etwas zeigen.

Sämtliche Sender Europas und der Schweiz sind angeschlossen. Die ganze Welt ist Zeuge unserer Sonderschau. Striptease im Hotel Verrückt! Eine magische Zauberrevue mit bengalischen Effekten! Ein Herr bitte auf das Podium! Ja, wer wird denn so schüchtern sein? – Wie heißen Sie? – Etwas lauter, Sie müssen direkt ins Mikrophon hineinsprechen! Ein Wunderwerk der Technik! Also, Herr ... Nein, ich will ja den Vornamen wissen, Herr ... Alois. Alois, der schöne Alois. Net gleich rot werden, Herr Alois! Darf ich Loisl zu Ihnen sagen? Herr Loisl, diese beiden schönen Frauen werden jetzt im Inneren unseres Theaters eine Szene mit Ihnen spielen. Schauts ihn Euch an, wie aufgeregt er is. Sind Sie Wiener, Herr Loisl? – No, immerhin. Wiederholen Sie meine Worte! Die beiden Haremsdamen dürfen alles mit mir machen ... Was habens denn auf einmal, sinds lauter! ... Alles mit mir machen, auch wenn das Gwand auf Fetzen ... jawohl, auf Fetzen geht ... Herr Loisl, Sie enttäuschen mich. Sie wolln a Wiener sein? ... Was solln sich denn die Zuschauer von Ihnen denken? – Sie wissens net? – Lassen Sie die Damen in Ruh, Herr Loisl! – Sie haben gar nix gmacht mit die Damen? Gehns! – Ich seh alles ... Meine Damen und Herren! Haben Sie unseren Herrn Loisl und die beiden Rock'n Roll-Girls im Lach-Sketch «Schwüle Pariser Nacht im Haremsbad» gesehen, dann kommt der Hundedresseur Papanella mit seinen bezaubernden Spitzen, den Lipizzanern unter den Hunden ... Madame Nirwana läßt Sie in die Zukunft blicken, und Mister Nepalek bietet Ihnen seine erstklassigen Bälle! Ein Jongleur von Weltruf! Jetzt werden Sie fragen, Damen und Herren, wie kommen solche erstklassigen Künstler in den Wiener Prater? Warum treten sie nicht in Deutschland auf oder in Hollywood? Da kann ich Ihnen nur sagen, sie sind Österreicher und lieben ihre Heimat. Die Parade ist zu Ende, unsere Schau beginnt. Die Künstler begeben sich auf die Bühne. Kommen Sie zur Kassa, schließen Sie an.

Wer zuerst kommt, hat die besten Plätze. Der Herr Loisl begibt sich auf die Bühne. Die wenigen Kinder, die teilnahmslos dem Vortrag folgten, zerstreuen sich. Der Ausrufer geht ein Bier trinken. Es beginnt langsam zu regnen.

Was soll ma sonst an an' Sunntag machen? Ende Oktober is' im Prater nimmer das Richtige. Das Bier is kalt, die Brezeln san hart, die Würsteln schmecken nachm vorigen Jahr. Im Münstedt-Kino spielens an

Film mit zwei Komiker, die schon lang tot sind. Glei daneben spielens an Frankenstein. Der lebt aber noch. Trotzdem is' ka Farbfilm.

Daß das dem Kind a Freud macht, allanig mit dem Ringelspiel fahren? Und alle Pferd müssen mitlaufen. – Denen wird das aa bald z'blöd werden.

Gemma zu die Spielautomaten! Man gwinnt eh nix, aber die Zeit vergeht. Zum Blumenschiaßn hab i aa ka Lust. Für wen denn? Waß i, wo die Madeln sind. Dabei is gar net so kalt. I brauch no lang kan Mantel. Möcht wissen, für wen sich das Riesenra'd draht. Es is eh niemand da.

Schön wars in der Geisterbahn. Hast du dich wirklich gfürcht oder nur so tan? Na, schenier di net! Es gibt noch an Liliputexpreß nur für Erwachsene. Dort is auch ganz dunkel. Die schöne Helena siecht man und die Salome mitm Kopf vom ehschowissen. Kane Gspenster, nur ästhetische Schönheiten. Wenn i dir die Blumen schiaß, das is dir fad. Gibs zu! Dich interessieren nur die Liliputaner. Mi net. A Zwerg is a Zwerg, aa wann er Radl fahrt oder zaubert. Ob die miteinander verheiratet san? Das is mir eigentlich wurscht ...

—— HELMUT QUALTINGER

REPORTAGE

Ich brauchte Geld. Ich brauchte Geld! Ich ging zum Leiter des bekannten Witzblattes »Du mich auch« und bot ihm meinen Sonettenkranz »Allerseelen« an. Er wollte nicht. Er erklärte, Allerseelengedichte aus prinzipiellen Gründen nur im Februar zu bringen. Und es war März. März! Der Frühling meldete sich mit allerlei Bedürfnissen.

So ging ich hinüber zum beliebten Frühnachmittagsblatt und offerierte mein ländliches Epos »Belisande«. Es bestand aus zehn ausgearbeiteten Gesängen. Ich schlug vor, daß man die Arbeit in Fortsetzungen erscheinen lasse. Oder eventuell im politischen Teil. Das wurde abgelehnt. Ländliche Epen könne man aus prinzipiellen Gründen nur im Inseratenteil erscheinen lassen. Und zwar entgeltlich. Aber nicht für mich.

Ich erhob mich. »Schreiben Sie doch Reportagen«, sagte der Redakteur. »Schreiben Sie Reportagen, die brauchen wir immer.« Ich erkundigte mich nach dem Sinne dieses verlockenden Fremdwortes. Man verachtete mich. Man erklärte mir, daß es sich darum handle, Originalberichte über aktuelle Angelegenheiten zu bringen. Worüber? Man verachtete mich. Denn auf das Worüber komme es an. Wisse man das Worüber, so brauche man mich nicht.

Mein Gesicht mochte schließlich das Mitleid des Redakteurs erregen. »Sehen Sie, junger Freund«, er war selbstverständlich schon kraft seines Amtssitzes um mindestens zwanzig Jahre älter als ich, »sehen Sie, junger Freund, das macht man so.« Und er zeigte mir zunächst einen sogenannten Korrespondenzbericht.

Da war in dürren Worten von einer tatsächlich nicht alltäglichen und in ihrer schonungslosen Ungeschminktheit packenden Angelegenheit zu lesen. Eine junge Dame, ein Mädchen mit leichtfertigen Sitten, eine Prostituierte mit einem Wort − man nannte sie namentlich −, eine Prostituierte also hatte einem Getreidehändler − auch er war genannt − in einem Hotel des zehnten Bezirks die Brieftasche mit einer an sich nicht unbeträchtlichen Summe entwendet. Ob das Zusammentreffen so ungleicher Parteien in jenem Gasthof ein rein zufälliges oder welch Zwecks und Zieles es ansonsten gewesen, war ausdrücklich verschwiegen. Gesagt war jedoch − in dürren Worten gesagt −, daß die Untat durch eine Arreststrafe von vierzehn Tagen geahndet worden sei.

Das war der Korrespondenzbericht. Dann aber wurde mir die Reportage gezeigt. Der Redakteur − er hatte sie selbst verfaßt − zog sie aus der Lade. Ich las.

DIE ASTARTE VON FAVORITEN

(Von unserem nach Favoriten entsendeten
Spezialberichterstatter)

Die Amesedergasse, in deren Nummer 43 Amalie
Waporek, über deren heutigen Prozeß wir auf Seite 4
dieses Blattes ausführlich berichten, ihre Wohnung be-
sitzt, liegt schon ganz draußen am Wiener Berg, und
das Haus selbst, eine dreistöckige Zinskaserne, sieht
seinen Geschwistern zur Rechten und Linken gleich,
es sei denn, daß es noch ein wenig düsterer ist als jene.
Die Hausbesorgerin, Frau Josephine Cerwenka, die
wir zusammen mit ihrer Hündin Mimi umseitig im
Bilde bringen, gab uns bereitwilligst Auskunft. »War
immer a b'sondere Person, die Mali«, sagt sie nachdenklich. »In der Früh hat sie schon immer zwei kern-
weiche Eier g'essen. Und die Kleider und Schuh! Uj
Jegerl«, erklärt sie humorvoll, »wie a Prinzessin!«

»Haben Sie je etwas vom Umgang des Fräulein
Waporek mit Männern bemerkt?«

»Nie«, ist die dezidierte Antwort. »Höchstens, daß
sie in der Nacht an Herrn mitbracht hat. Aber mit
Männern war sie niemals zusammen.«

»Was halten Sie im allgemeinen von der Prostitu-
tion?«

»Wie ma's nimmt«, ist die nachdenkliche Antwort. »Wenn eine nur anständig bleibt dabei ...«

Damit waren wir entlassen. –

Das also war die Reportage. Ein wenig verwirrt ging ich fort. »Erleben Sie etwas! Lassen Sie sich einsperren«, rief man mir noch nach. »Steigen Sie in den Sammelkanal hinunter. Oder hängen Sie sich auf!«

Ich suchte also nach einer Reportage. In den Palästen der Reichen fand ich sie nicht. So fuhr ich hinaus in die Viertel des Elends. Ich fuhr ohne Scheu; ich bedurfte keiner Verkleidung. Es gab einen Straßenbahnzusammenstoß; aber es ging nicht einmal eine Scheibe in Stücke. Ein Betrunkener, den ich interviewen wollte, hob nach meiner vierten Frage das Bein und trat mich in den Bauch. Einem Feuerwehrauto lief ich eine Viertelstunde nach. Es war wieder nichts: man fuhr nur in die Reparaturanstalt. Auch ein Freudenmädchen, das ich nach pikanten Details aus seinem Vorleben befragte, überschüttete mich mit einem Schwall von Verwünschungen. Es war nichts.

Dann trat, nachts gegen elf Uhr, draußen in Ottakring, jenes Ereignis ein, das eine so einschneidende Wirkung auf meine weitere Entwicklung nehmen sollte. Ich komme also an einem Wirtshaus vorbei und gewahre draußen, an die leeren Bierfässer gelehnt, einen Menschen mit Radfahrkappe und lose geknotetem Halstuch. Die Fäuste hatte er in den Taschen seines Mantels vergraben, und aus einem Gesicht, das durch ein breites Pflaster verzerrt war, schaute er mich von der Seite her mit verkniffenen Augen an. Ich überwand ein unbestimmbares Angstgefühl und blieb stehen. Ich ahnte, oder nein, es war mehr als Ahnung, es war ein Wissen meiner Nerven und meines Instinktes, daß ich es hier mit einem jener »schweren Kerle« zu tun hatte, jener Gewohnheits- und Berufsverbrecher, an deren Händen Blut klebt und denen auch der beherzteste Polizeimann nur mit Bangen begegnet. Um irgend etwas zu tun, entzündete ich eine Zigarette. Er bat mich um Feuer, tat es mit forderndem Tone und in dem rauh-breiten Idiom, das in diesem Stadtviertel zu Hause ist. Ein unendlich vorsichtiges, tastendes Gespräch begann, dann traten wir langsam miteinander ins Gasthaus und setzten uns an einen Tisch, an dem nur ein einzelner unscheinbarer Mensch auf seinem Sessel lümmelte und langsam trank, indes an den Tischen nebenan ein lärmender Disput im Gange war.

Ich war voll Beklommenheit und doch irgendwie berauscht von Gefahr und Triumph. Ich war am Ziel. Ich bestellte Wein. Der Mann mit dem Pflaster begann an mich versteckte, mißtrauisch aushorchende Fragen zu stellen, die ich mit lauernder Vorsicht beantwortete. Aber ich sah, daß auf diese Weise nicht weiterzukommen war. Ich mußte meines Gegenübers Vertrauen gewinnen, ich mußte reden. So sah ich mich um – der reduzierte Mensch an unserem Tisch war sitzend eingeschlafen und schnarchte, und an den übrigen Tischen hatte sich der Disput zu einem zügellosen Wortstreit erhitzt – ich sah mich also um und begann dann mit stockenden Worten eine weitschweifige Geschichte zu erzählen. Ich deutete an, daß ich – es überlief mich kalt – ein Zuhälter sei und daß ich mit meiner Geliebten in einem Hotel des zehnten Bezirks einem sehr reichen Getreidehändler – ich machte eine kalte, unerbittlich schicksalhafte Bewegung und erzählte nicht weiter.

Das wirkte. Mein Partner wurde sichtlich freundlicher und rückte seinen Stuhl neben mich. Ich fieberte. Er blickte sich vorsichtig um – wir waren allein; auch der Kerl an unserem Tisch hatte sich endlich in einem Anfall von Übelkeit davongemacht. So begann er mit unterdrückter, heiserer Stimme zu sprechen. Auch er schien es mit den Frauenzimmern zu halten. Eine hatte Schmiere gestanden bei einer »Sache«. Dann hatten sie einen Streit gehabt, und sie hatte geredet. Sie hatte geredet! »Und?« fragte ich. Er sah mich ohne ein Wort aus seinen verkniffenen Augen an, holte plötzlich aus der inneren Tasche des Mantels ein Sacktuch hervor und warf es vor mich auf den Tisch. Es war ein Damentaschentuch, ganz zerknüllt und über und über braunrot von geronnenem Blut.

Dann aber – nun, es muß ja erzählt werden. Also es geschah folgendes: Ich fühlte mich plötzlich von hinten gepackt und festgehalten: Ich sah, wie der Mann mit dem Pflaster überwältigt wurde. Mit einem Male waren eiserne Handschellen da. Im Lokal war es totenstill. Sechs Detektive, befehligt von jenem unscheinbaren Subjekt, das an unserem Tisch gesessen hatte, führten uns fort.

Mein erster Schrecken wich einer Art Taumel.

Ich war in eine Mordaffäre verwickelt! Ich konnte berichten, berichten! Mit großer Sicherheit betrat ich das Kommissariat. Meinen Angaben wurde zunächst kein Glauben geschenkt. Da zog ich mein Epos »Belisande« hervor und erbot mich, es vorzulesen. Das genügte. Man wendete sich meinem Partner zu.

Der war bleich. Sein von Leidenschaften verwüstetes Gesicht war verzerrt. Er bekam einen häßlichen Anfall von Tobsucht und mußte gefesselt werden.

Dann legitimierte er sich durch vierzehn Ablehnungsbriefe erster deutscher Verleger als Autor von Rang. Er war auf Reportage gegangen.

—— ROBERT NEUMANN

WIE MAN DEM
WIENERHERZEN WEHE TUT

Man geht vom Stephansdom fort, die Kärntnerstraße
entlang geht – geht – bis man einem richtigen Wiener
begegnet von vierzig Jahren. Vierzig – da ist das Wienerherz am weichsten.

Und ihn fragt man:

»Señor! Gönn Sie sahen: wo is Stefansblatz?«

»Was wollen S', gnä Herr?«

»Uo is Sstefänsblätz, Sir?«

»I versteh allweil Stephansplatz?«

»Voui.«

»Oh, gnä Herr, da gehn S' ja verkehrt. Da müssen
S' Eahna umdrahn und schnurgrad furt – nachar saan
S' am Stephansplatz, 's is gar net zan Fehlen.«

Doch du, Fremdling, statt dem vernünftigen, blitz-
einfachen Rat zu folgen, blickst den Wiener mißtrauisch an, schüttelst den Kopf und wandelst deines We-
ges – vom Stephansplatz weg.

Das Weh erwacht im Wienerherzen. Er fleht dich an:

»Aber, gnä Herr! Wann i Eahna sag! I wir do wissen ... I bin do a Hiesiger, a Weaner ...«

Du schüttelst störrisch den Kopf und wanderst –
immer weiter nach der Wieden zu.

Der Wiener fleht immer verzweifelter:

»Gnä Herr! Maanen S' denn, ich will Eahna an-schmieren? I sag's do, wie's is: umdrahn müssen S' Eahna und zruck.«

Du winkst ihm heftig ab.

Er faßt dich am Rockknopf – und jammert – jammert – fast möcht er dir zu Füßen fallen:

»Gnä Herr! Glauben S' mir denn nöt? Schau i aus wiar a Gauner? A Plattenbruder?«

Du schiebst ihn beiseite mit einer großen Gebärde und schreitest aus – unverzagt die falsche Richtung.

Da schwillt endlich das goldne Wienerherz. Er blickt dir nach und ruft: »Hatsch nur, du Fallot, du dünngselchter! Hatsch nur am Naschmarkt! Wirst es scho bereun – wann's zu spät is, du damischer Kosak, russischer überanand!«

—— ALEXANDER RODA RODA

FUSSNOTEN

1 Josef Engelhart (1864-1941), Wiener Maler und Bildhauer
2 Vorteil
3 Vincenz Pilz (1816-1896), österreichischer Bildhauer
4 große, langlockige Männer-Perücke der Barockzeit
5 Kunsthistorisches Museum
6 Speziell gefüllte Biskuit-Halbkugeln (auch »Indianer«)
7 Charlotte Wolter (1834-1897), Wiener Schauspielerin
8 Hetschepetsch = Hagebutte
9 Chantecler = eingebildeter Hahn in der gleichnamigen
   Tierfabel von Edmond Rostand (1910)
10 zwei gleichartige Übel, ausweglose Situation
11 Kaffeehausangestellte, ursprünglich für das Notieren der
   Punkte beim Billardspiel zuständig
12 Reifröcke

QUELLENNACHWEIS

Raoul Auernheimer: Die Reise nach Wien, aus: Wien – die
Stadt und die Sinne, Reportagen und Feuilletons um 1900,
Wien 2016.

Paul Busson: Die Speisekarte, aus: Wien – die Stadt und die
Sinne, Reportagen und Feuilletons um 1900, Wien 2016.

Otto Friedländer: »Die Wiener« und »Kaffeehaus« aus: Letzter
Glanz der Märchenstadt. Das war Wien um 1900, Wien 1969.

Gertrud Fussenegger: Die Wiener, aus: Eines langen Stromes Reise. Die Donau, Stuttgart 1976.

Georg Kreisler: Wien ohne Wiener, aus: I hab ka Lust, Berlin 1980.

Robert Neumann: »Wiener Erotik« und »Reportage«, aus: Deutschland deine Österreicher, Österreich deine Deutschen, Hamburg 1970.

Eduard Pötzl: Am Kaffeehausfenster, aus: Wien – die Stadt und die Sinne, Reportagen und Feuilletons um 1900, Wien 2016.

Alexander Roda Roda: Wie man dem Wiener Herzen wehe tut, aus: Das große Roda Roda Buch, Wien 1988.

Arthur Schnitzler: Das erste süße Mädel, aus: Jugend in Wien, Wien 1968.

Hilde Spiel: Die Wahrheit im Weinlied, aus: Wien. Spektrum einer Stadt, München 1971.

Friedrich Torberg: Wien? Was ist das: Wien? aus: Auch das war Wien. Roman, München/Wien 1984.

Hans Weigel: Das ist Wien! Aus: O du mein Österreich, Zürich 1967.

Stefan Zweig: Die Bühne der Wiener, aus: Die Welt von gestern. Erinnerungen eines Europäers, Frankfurt am Main 1978.

Der Verlag dankt freundlich für die erteilten Abdruckgenehmigungen. Trotz sorgfältiger Recherche war es ihm nicht möglich, sämtliche Rechteinhaberinnen oder Rechteinhaber ausfindig zu machen. Lizenz- und Honoraransprüche noch nicht urheberrechtsfreier Autorinnen und Autoren bleiben in jedem Fall gewahrt. Der Verlag bittet daher, ihm entsprechende Ansprüche mitzuteilen.

ISBN 978-3-85179-498-4

© 2021 by Thiele & Brandstätter Verlag GmbH, Wien

Herausgegeben von Johannes Thiele
Gestaltet und gesetzt von Christina Krutz
Gedruckt von GGP Media GmbH
Titelbild von Josef Kalous (1887-1974):
Abend am Graben in Wien

www.thiele-verlag.com